中老年象棋速成

杀法入局

聂铁文 编著

化学工业出版社
北京

U0314405

图书在版编目（CIP）数据

中老年象棋速成.杀法入局/聂铁文编著.—北京：
化学工业出版社，2023.6
ISBN 978-7-122-43083-0

Ⅰ.①中… Ⅱ.①聂… Ⅲ.①中国象棋-中老年读物
Ⅳ.①G891.2-49

中国国家版本馆CIP数据核字（2023）第040337号

责任编辑：杨松淼　　　　　　　　　装帧设计：张　辉
责任校对：边　涛

出版发行：化学工业出版社（北京市东城区青年湖南街13号　邮政编码100011）
印　　装：三河市延风印装有限公司
787mm×1092mm　1/16　印张10½　字数200千字　　2023年6月北京第1版第1次印刷

购书咨询：010-64518888　　　　　　售后服务：010-64518899
网　　址：http：//www.cip.com.cn
凡购买本书，如有缺损质量问题，本社销售中心负责调换。

定　　价：59.80元　　　　　　　　　　　版权所有　违者必究

前　言

象棋集文化、艺术、竞技、娱乐属性于一身，体现了我们中国人的人生智慧，深受广大民众的喜爱。

自1956年象棋成为国家正式的体育项目，到20世纪90年代，象棋发展经历过一段黄金时期，万人空巷观棋赛的盛况，至今仍为不少老棋迷津津乐道。随着人们生活水平的不断提高和科技的快速发展，各式各样的休闲娱乐项目日益增多，象棋运动的影响力已不复当年。但时至今日，无论是在公园老树下还是弄堂小巷中，一张棋盘几把小凳，对弈者斗智斗勇，围观者畅所欲言的场景，依然是全国各地百姓日常生活中一道靓丽的风景线。

正是因为象棋在那个特定时期的巨大影响力，如今处于中老年的这一代人，在自己年少时大多曾受过象棋文化的熏陶。即便不像如今的孩子一样都能得到专业的培训和指导，但耳濡目染之下，也或多或少对象棋都有一定的认识和基础，甚至是有一种独特的、非如今的年轻人所能理解的情怀。如能有机会系统地学习象棋技艺，拓展下棋的思路，从而快速提高棋艺水平和品鉴棋局的能力，对于他们而言会是人生的一大快事。而帮助这个最热爱象棋运动的群体享受下棋的快乐，也正是笔者创作《中老年象棋速成》这个系列的初衷。

象棋的一整盘棋可分为开局、中局、残局三个阶段，而一局棋的最终目的，是擒杀对方的将（帅）。而那些有特定规律的将杀对方将（帅）的"杀招"就是象棋的基本杀法，也是学习象棋最为重要的基本功之一。因此，笔者将《中老年象棋速成》的全部内容分为"开局布阵""中局抢先""杀法入局""残局决胜"四个分册来展开，结合多年的实战经验，以实用为原则选编各种类型的例局，分析不同的变化的差异，解读实战对局中双方的攻守要点，指出下棋时容易出现的盲点和误区，从而帮助读者更好地把握下棋的分寸，抓住取胜的关键点。

希望本书能对渴望突破瓶颈，提高棋艺水平的读者朋友们有所帮助，更好地享受象棋带来的无尽乐趣！书中若有不足之处，敬请广大读者批评指正。

聂铁文

2023 年 4 月

目录

第一章　杀法基础 ···································· 001

　第1节　杀法的形式 ······························· 002

　第2节　杀法的过程 ······························· 004

　第3节　杀法的常用技巧 ·························· 006

第二章　基本杀法 ···································· 015

　第 1 节　困毙 ···································· 016

　第 2 节　对面笑 ································· 018

　第 3 节　小鬼坐龙庭 ····························· 021

　第 4 节　二鬼拍门 ······························· 024

　第 5 节　锁喉带箭 ······························· 027

　第 6 节　双车错 ································· 030

　第 7 节　三车闹士 ······························· 033

　第 8 节　闷宫 ···································· 035

　第 9 节　重炮 ···································· 038

　第10节　铁门栓 ································· 041

　第11节　平顶冠 ································· 044

　第12节　炮辗丹砂 ······························· 047

第13节　进洞出洞 ·· 050

第14节　夹车炮 ·· 053

第15节　天地炮 ·· 055

第16节　卧槽马 ·· 058

第17节　挂角马 ·· 061

第18节　八角马 ·· 064

第19节　钓鱼马 ·· 067

第20节　高钓马 ·· 070

第21节　拔簧马 ·· 073

第22节　双马饮泉 ·· 076

第23节　马后炮 ·· 079

第24节　大胆穿心 ·· 081

第25节　三子归边 ·· 084

第26节　闷杀 ·· 087

第三章　联合杀法 ··· 091

第四章　实战杀法解析 ·· 111

第五章　杀法挑战 ··· 153

杀法挑战参考答案 ··· 158

第
一
章

杀法基础

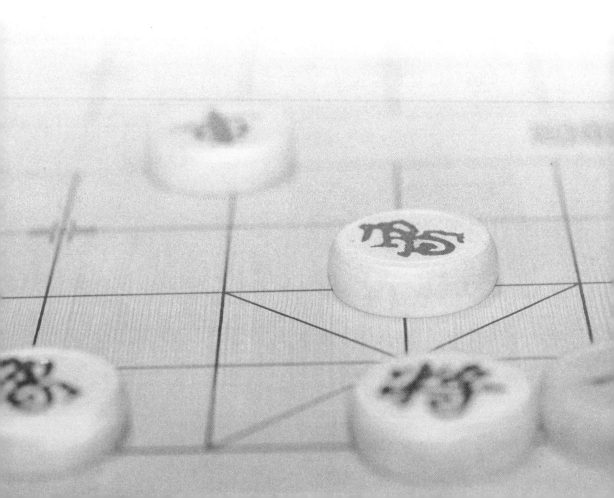

第1节 杀法的形式

在象棋的杀法中，赢棋的形式大体可分为三种类型：困毙杀、连将杀、隔将杀。困毙杀多出现在子力稀少的残局。连将杀具有步步照将的特性，一般五步以内连将杀在实战中较为多见。隔将杀也称绝杀，一旦形成，虽然轮到对方走棋，却无能为力，不能避免被将死的结果。但隔将杀由于对方尚有挣扎的机会，因此要求对进攻的部署与双方着法的预判更有前瞻性。

例局1 困毙

如图1-1，红方先行。

①兵三进一　将6退1

②兵三进一　将6进1

③炮八进六

黑方无子可动，无论是落士还是动将都会形成自杀，困毙。

例局2 连将杀

如图1-2，红方先行。

①炮六平五　象3退5

②相五进三　象5进3

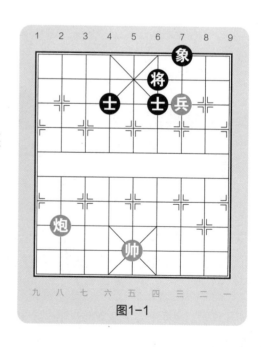

图1-1

③马七退五　象 3 退 5　　④马五进六　象 5 进 3

⑤马六进五　象 3 退 5　　⑥马五进三　将 5 平 4

⑦车七平六（红胜）

红方车马炮正面进攻，借炮运马，步步照将，马到成杀。

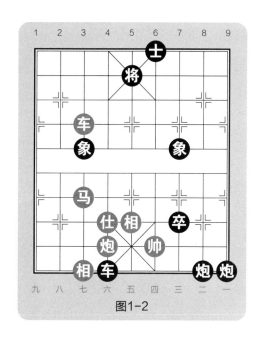

图1-2

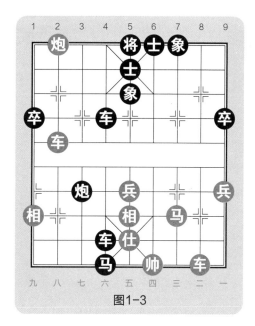

图1-3

例局3　隔将杀

如图1-3，黑方先行。

①……　　　　前车平 5

黑方弃车杀中仕"大胆穿心"，妙手！

②马三退五　马 4 退 5

黑方横车立马，左右逢源，有卧槽马和高钓马两种杀法，局面已成绝杀之势。此时黑方虽然并未叫将且轮到红方走棋，红方却无法解救。试举两种走法：（1）车二进五，车 4 进 6，帅四进一，马 5 退 7，帅四进一，车 4 平 6，黑胜。（2）车八退五，车 4 平 6，帅四平五，马 5 进 7，黑胜。

第2节 杀法的过程

杀法的过程，大致可分为运子、破防、制将、将杀4个阶段。这4个阶段的排序除将杀阶段固定在最后，其他阶段并不是完全按照上述顺序固定不变的，也有可能省略某一个阶段或某一个阶段多次出现。

例局1

如图1-4，红方先行。盘面上红方各子占位极佳，已经占据很大优势，看红方如何进攻入局。

①炮九进二　马2退3

②炮九平五　象5进3

红方运炮从中路进攻，迅速撕开对方防线。

③兵四进一　炮1平7

④兵四进一

弃马冲兵催杀，紧凑有力。

④……　　马3退5

⑤兵四平五　将5平6

⑥兵六进一

再弃一炮，下底兵叫杀，入局着法精彩。

⑥……　　炮7平6　　⑦炮五平四　炮6平5

⑧炮四平八（绝杀，红胜）

红方计算精确，连弃马炮，以炮双兵构成妙杀，入局干净利落。第

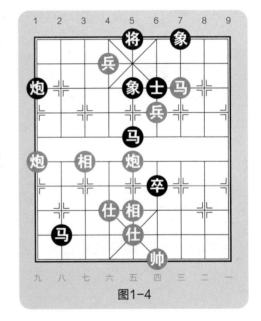

图1-4

1到2回合为运子阶段，第3到6回合为破防与制将阶段。最后为将杀阶段。

例局 2

如图1-5，红方先行。红方天地炮已落位，子力占据攻击位置，该如何进一步展开攻势呢？

① 车四进二

红方进车下二路，准备再马四进三跳"钓鱼马"，这是车马炮联合攻杀中典型的战术手段。

① ……　　　马9进7

黑方守无可守，索性进马吃相，竭力反击。

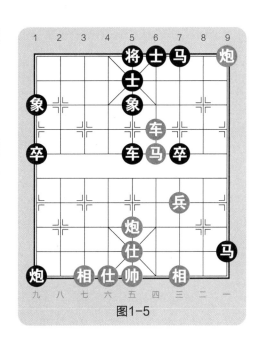

图1-5

② 马四进三　车5进3

③ 车四平五　将5平4

④ 车五平四

红方破掉中士，再平车捉底士叫杀，是取胜的要着。

④ ……　　　车5进1　　⑤ 帅五平四　炮1平4

黑炮打底仕，防止红方车四进一，将4进1，车四平六"兜底"的杀棋，也是唯一的解着。

⑥ 车四进一　将4进1　　⑦ 车四退一　将4进1

⑧ 车四退二　象5进3　　⑨ 马三进四

红方八角马定将，准备最后一击。

⑨ ……　　　车5平4　　⑩ 炮一退二（绝杀，红胜）

红方第1到2回合为运子阶段，第3到8回合为破防，第9回合为制将，最后为将杀阶段。

第3节 杀法的常用技巧

在实施杀法的过程中，常见的进攻手段有破防、弃子引离、弃子引入、双杀、解杀还杀等。

一、破防

破防是指击破对方的防守子力，使对方将（帅）暴露弱点。

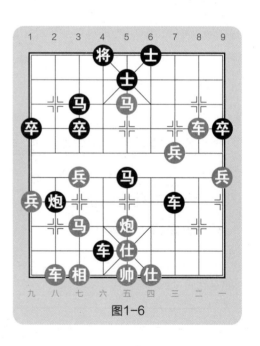

图1-6

例局1

如图1-6，黑方先行。

① …… 车4平5

②仕四进五 车7进3

③仕五退四 马5进4

④帅五平六 炮2平4

黑方先弃一车吃仕迅速破防，随后车马炮组合构成杀棋。

例局2

如图1-7，红方先行。

①马七进八 炮6平2 ②马八进六 将5平4

③炮五平六 马3退4 ④马六进七

红方兑掉对方防守的 2 路马，并把黑炮引到了无法参与防守的位置，最终以双将杀获胜。

例局 3

如图 1-8，红方先行。

① 炮七进七　象 5 退 3　　② 车七平五　马 7 进 5

③ 车二平五　象 3 进 5　　④ 车五进一　士 4 进 5

⑤ 马八进六　将 5 平 4　　⑥ 炮九平六（红胜）

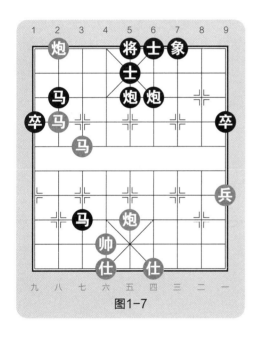

图 1-7

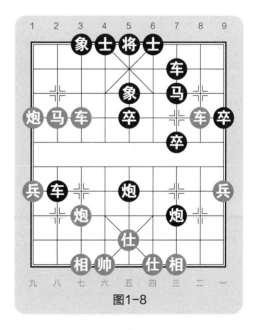

图 1-8

二、弃子引离

弃子引离是指通过弃子，将对方的防守子力从重要的位置引离开，从而使对方的防线暴露弱点。

例局 1

如图 1-9，红方先行。

① 马二进四 车 7 平 6 ② 炮二进四（红胜）

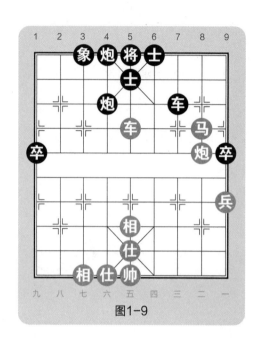

图1-9

图1-10

例局 2

如图 1-10，黑方先行。

① …… 炮 8 进 7 ② 相一退三 炮 2 进 7

黑方弃炮引离红马，攻杀的要着。

③ 马七退八 车 6 进 6 ④ 仕五退四 车 4 进 1

⑤ 帅五进一 炮 8 退 1 ⑥ 帅五进一 车 4 退 2（黑胜）

黑方连弃炮车，左右开弓，妙杀取胜。

例局 3

如图 1-11，黑方先行。

① …… 马 6 进 5

黑方弃马引离红方六路马，妙手！

② 马六进五 车 4 平 5

黑方"虎坐中堂"限制红帅活动范围，巧用车马冷着，一剑封喉。

③ 仕四退五 马 9 进 8

④ 帅四进一 车 5 退 1

⑤ 马五退三 车 5 平 6

⑥ 马三退四 马 8 进 7（黑胜）

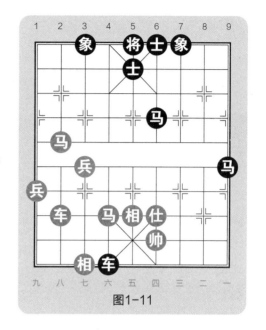

图 1-11

三、弃子引入

弃子引入是指通过弃子，将对方将（帅）引入到自己进攻子力的攻击范围内来展开攻杀。

例局 1

如图 1-12，红方先行。

① 车一进四 士 5 退 6

② 炮三进一 士 6 进 5

③ 马三进四

红方弃马引将，制胜一手。如

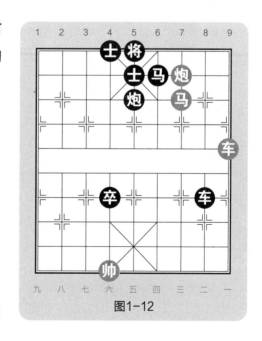

图 1-12

改走炮三平六，则马6退8，红方车马炮三子无论怎么吃马，黑方以后均有士5进6的反戈一击。

③…… 将5平6　④炮三退一（红胜）

红方底线进攻，弃马将黑将引入攻击范围，闷杀对手。

例局2

如图1-13，红方先行。

①车八进五　将4进1

②车八退一

红车先利用连续"将军"顿挫选位，埋下伏兵，是取胜的关键。

②…… 将4退1

③炮二退一　士5进6

④马二进三　士6进5

⑤车八平六

红方突施冷箭，弃车成杀，精彩！

⑤…… 将4进1

⑥马三退四（红胜）

红方车马炮左右夹攻，红车先顿挫走位，然后弃车引将，马炮妙杀。

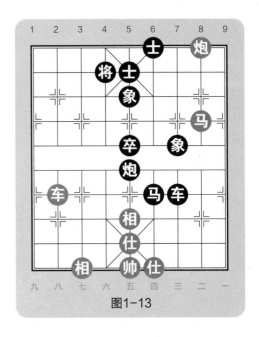

图1-13

例局3

如图1-14，黑方先行。

①…… 炮6进5

②帅五平四　炮7平4

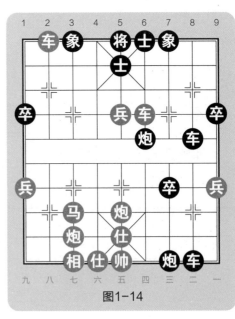

图1-14

③帅四进一　炮4退1　　④帅四进一　后车进3
⑤炮五平二　车8退2

四、双杀

双杀是指攻方接下来有两种着法可以对对方将（帅）形成杀棋，使对方无法同时防守。

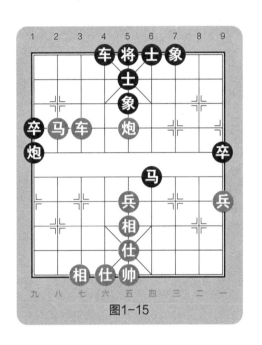

图1-15

例局1

如图1-15，红方先行。

①车七进三（绝杀）

红方献车伏有马八进七和马八进六两路杀法。黑方难以解救。如车4平3，则马八进六，将5平4，炮五平六，红胜。又如马6退5，则马八进七，红胜。

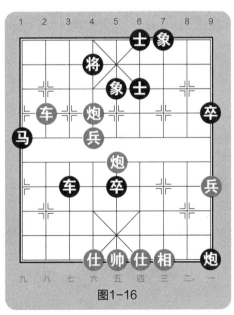

图1-16

例局2

如图1-16，红方先行。

①炮六平五

红方以下车八平六和后炮平六双杀，黑方难以应对。如马1进3，则后炮平六，红胜。又如士6进5，则车八平六（亦可后炮平六，士5进4，兵六平七，士4退5，炮五平六，重炮杀），士5进4，车六进一，将4进1，后炮平六，红胜。

例局3

如图1-17，红方先行。

①车八平六　将4平5

②车六进八

红方点车下二路，攻杀选点精确。如车六进六，则马3进5，以后黑方可士5进4化解。以下红方有帅五平六和炮五平八双杀，黑方无法同时解杀。如炮9退1，则炮五平八，炮9平4，炮八进四，红胜。又如车3平2，则帅五平六绝杀，红胜。

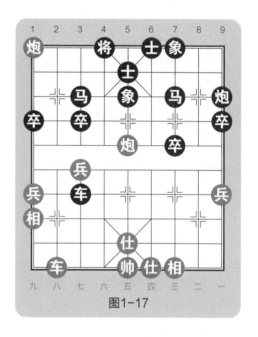

图1-17

五、解杀还杀

解杀还杀是指对方即将形成杀棋时，突施妙手，解除对方威胁的同时还完成了对对方的将杀，是一种非常厉害的反击战术。

例局1

如图1-18，红方先行。

①车八进一　士5退4

②马七进六　将5进1

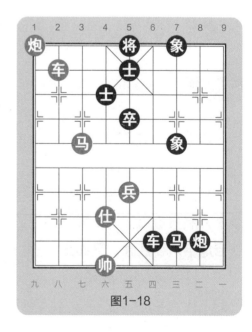

图1-18

③车八退一　将5进1　　④仕六退五（解杀还杀）

红方退仕解杀，同时巧借帅力形成绝杀，下一步炮九退二即胜。

例局 2

如图1-19，红方先行。

①马二进三

红马卧槽已形成抽将之势，同时闪露二路车，是解杀还杀之妙手。

①……　　　　车7进1

②车四退八　车7退8

③车四进九

红方弃车引将，一击获胜。

③……　　　　将5平6

④车二进四　车7退1

⑤车二平三（红胜）

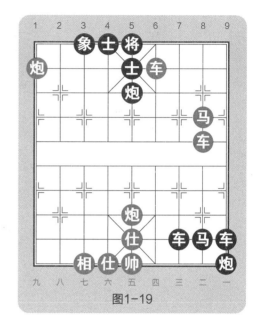

图1-19

例局 3

如图1-20，红方先行。

①车四平五

红车斩中士催杀，算度深远，胸有成竹！

①……　　　　前车平4

②仕四进五　车1平8

③炮二平四　卒7平6

④帅五平四　卒6进1

⑤车五平四

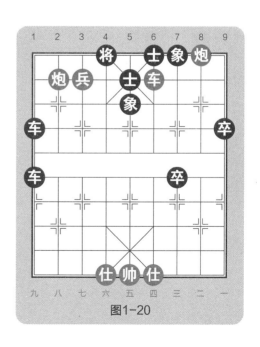

图1-20

红方平车瞄卒，攻不忘守，机警！如误走炮八进一，则车8进6，帅四进一，卒6进1！帅四进一（如仕五进四，则车8退1，帅四退一，车4进4，黑胜），车4平6，帅四平五，车8退2，仕五进四，车6平5，黑方反败为胜。

⑤……　　　　　车8进6　　⑥帅四进一　　车4平7

⑦兵七平六　将4平5　　⑧车四平五

红方顿挫弃炮，为攻杀打开通路。

⑧……　　　　将5平6　　⑨车五平四　　将6平5

⑩兵六平五　将5平4　　⑪车四进一（红胜）

本局双方多次展现解杀还杀的手段，局面精彩纷呈。

第二章

基本杀法

　　基本杀法是象棋棋局中根据各个兵种的特点，利用战术组合走出的有一定的规律可循的将杀模式。这些基本杀法大多都有非常生动、形象的特定名称。

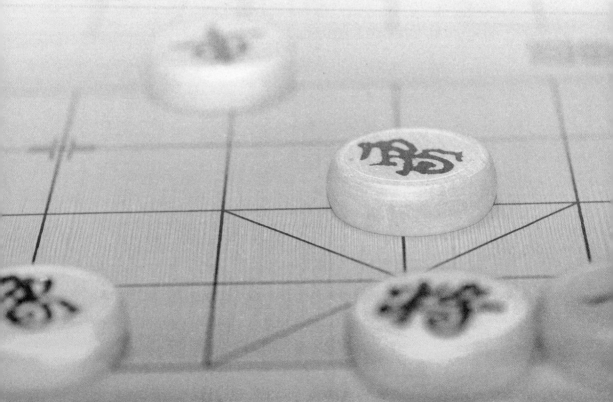

第1节 困毙

一方走出一步棋后，使对方无棋可走从而取胜的杀法，称为困毙。

例局1

如图 2-1，红方先行。

①炮六进四（红胜）

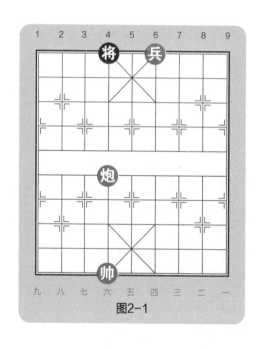

图2-1

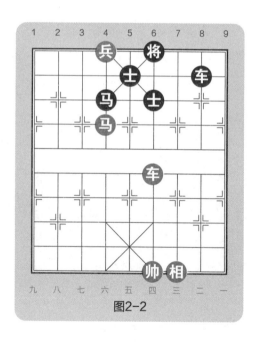

图2-2

例局 2

如图 2-2，红方先行。

①马六进四　士 5 进 6　　②车四进三　车 8 平 6

③车四进一　马 4 退 6　　④相三进一（红胜）

例局 3

如图 2-3，红方先行。

①前车平四　车 6 退 3

②车三进七　车 6 退 3

③兵一平二　车 6 平 7

④兵二平三（红胜）

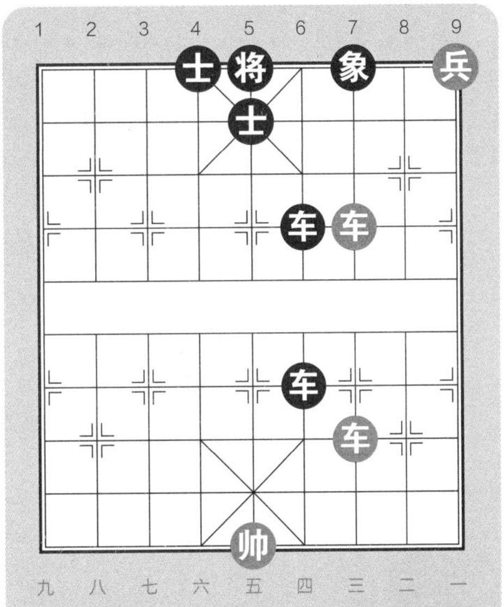

例局 4

如图 2-4，红方先行。

①马二进四

红马绝佳的控制点！取胜的
要着。

①……　　　　卒 7 进 1

②相三进一　卒 3 进 1

③相七进九　将 4 平 5

④兵八平七　将 5 平 4

⑤帅五进一　炮 6 平 5

⑥帅五平四　炮 5 平 6

⑦帅四平五　将 4 平 5

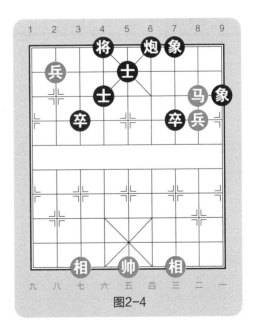

图2-3

图2-4

黑炮不能长将红帅，只能将平中路。

⑧兵七平六　卒 3 进 1　　⑨相九进七　卒 7 进 1

⑩相一进三（黑方困毙）

第2节　对面笑

象棋规则中规定："帅和将不允许在同一直线上直接照面"，否则先占者获胜。依据此规则所形成的杀法，称为"对面笑"杀法，亦称"白脸将"杀法。

例局1

如图 2-5，红方先行。

①车四平六　将 4 平 5

②车六平五　将 5 平 4

③相五进三　将 4 退 1

④仕五进六　士 6 退 5

⑤车五进五　将 4 退 1

⑥车五退五　车 7 平 8

⑦车五平六（红胜）

红方拦截黑车的回防路线是巧胜的要点。

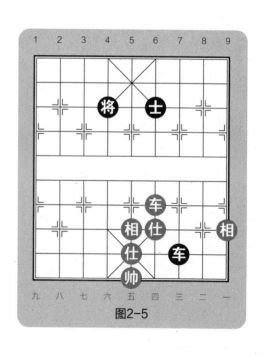

图2-5

例局 2

如图 2-6，红方先行。

① 仕五进六　将 5 平 6　　② 兵六进一　车 4 退 1

③ 兵六平五　将 6 平 5　　④ 车一进二（红胜）

红方露帅助攻，兵入底线，巧妙解杀还杀。

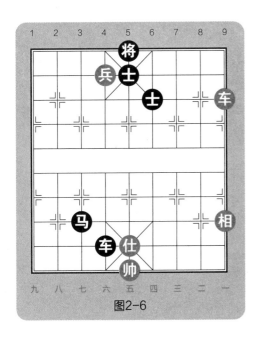

图2-6

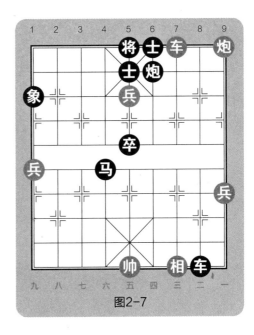

图2-7

例局 3

如图 2-7，红方先行。

① 车三退四　车 8 退 9　　② 兵五进一　将 5 进 1

③ 车三平五　将 5 平 4　　④ 车五平六（红胜）

红方抽将选点，恰到好处，打通中路后施展杀着。

例局 4

如图 2-8，黑方先行。

① …… 　　　车 6 平 7

黑车吃相，果断破防，黑方已算准可抢先成杀。

② 车二进四　卒 5 进 1

黑方弃中卒解杀还杀，妙手锁定胜局。

③ 帅五进一

红方如帅五平六，则卒 5 平 4，帅六进一，车 7 平 4，帅六平五，车 4 平 5，帅五平四，士 5 进 6，与实战杀法如出一辙。

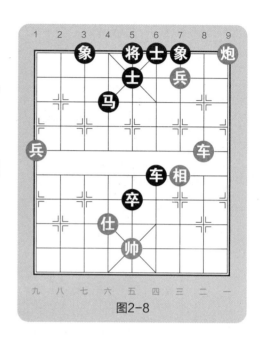

图2-8

③ …… 　　　车 7 平 5　　④ 帅五平四　士 5 进 6

帅高多危，黑方先手照将抢占中路，再扬士露将，形成"对面笑"杀法。

⑤ 炮一平三　将 5 进 1

⑥ 兵三平四　马 4 退 6

红方难解黑方下一步车 5 平 6 的杀着，黑胜。

例局 5

如图 2-9，黑方先行。

① …… 　　　车 4 进 3

② 帅五平六　马 5 进 4

③ 前车平六　马 4 进 3（黑胜）

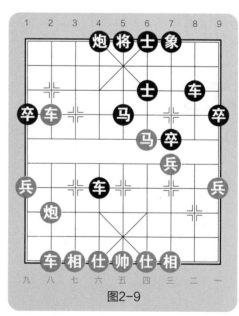

图2-9

第3节　小鬼坐龙庭

"小鬼坐龙庭"是指兵（卒）进入到对方九宫宫心，把对方的将（帅）定住，再用其他子力将杀对方的杀法。兵（卒）喻为小鬼，九宫中心喻为龙庭，故而得名。这种杀法在残局中非常多见，兵（卒）到达宫心后，杀伤力巨大，也有"坐大堂"之说。

例局 1

如图 2-10，红方先行。

①马六进五

红方弃马踏士，突破对方防御，是取胜的要着。

①……　　　　士4进5

黑方如将6进1，则兵五平四，将6进1，马五退四，黑方丢马必败。

②兵五进一　马6退4

③兵六进一　马4进6

④兵六平五（红胜）

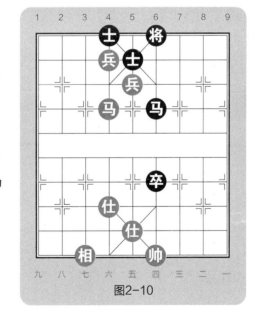

图2-10

例局 2

如图 2-11，红方先行。

①后兵进一　士5进4　　　②马五进六

红方果断一兵换双士，摧毁对方防线，算准凭借双马兵的有利占位抢先入局。

②······　　　将6平5

③马二进三

红方进象位马助攻，掩护"小兵坐龙庭"，锁定胜局。

③······　　　马5退4

④兵六平五　　将5平4

⑤马三退四　　象3进5

黑方如马4退6，则马六进八，红胜。

⑥马六进八　马4退3　　⑦马八退七（绝杀）

红方下一着兵五平六即胜。

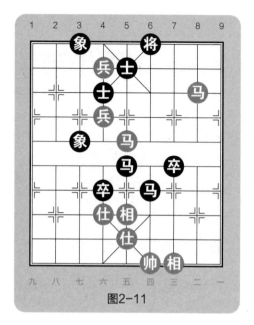

图2-11

例局 3

如图2-12，红方先行。

①炮五进一

红方献炮叫将，给"小兵坐龙庭"腾位，是取胜的要着。

①······　　　将6进1

黑方如将6平5，则车一进三，车6退4，炮六平四，红方得车胜定。

②车一进二　将6进1

③兵六平五（绝杀）

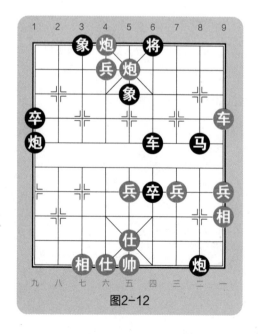

图2-12

例局 4

如图 2-13,黑方先行。

① ……　　　车 6 平 5

黑方弃炮陷车,妙手!

② 车三平四　车 5 平 4

③ 仕五进六　将 5 平 4

黑方解杀还杀,露将助攻! 车卒攻势如虎添翼。

④ 马八退七　车 4 平 2

⑤ 马七进六　车 2 退 3

黑方退车捉马,有力的顿挫,红方难以应对。

⑥ 马六退七

红方如马六进五,则士 6 退 5,车四退四,车 2 平 4,黑方亦胜。

⑥ ……　　　车 2 进 5　　　⑦ 帅六退一　卒 6 平 5(绝杀)

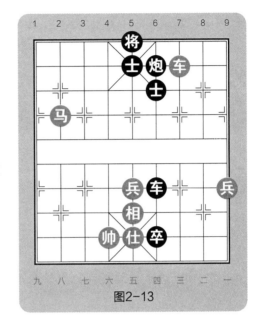

图2-13

例局 5

如图 2-14,红方先行。

① 车六进五

红方弃车引士,是入局的好棋!

① ……　　　士 5 退 4

② 兵四进一

红方弃车杀士,中炮控制中路,兵、帅、车三子在肋道相互借力,势不可挡。

② ……　　　象 5 退 7

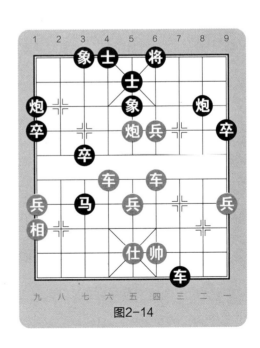

图2-14

黑方如改走士4进5，则兵四进一，将6平5，兵四平五，将5平4，车四进五，红胜。

③兵四进一　将6平5　　④车四进三

红方进车可中路照将，取胜的关键点。

④……　　　马3退4　　⑤车四平五　士4进5

⑥兵四平五　将5平4　　⑦车五平六（红胜）

第4节　二鬼拍门

"二鬼拍门"是指双兵（卒）或车侵入对方九宫，分占宫心两侧，锁住对方将（帅）门而形成的杀法。在残局中，这是兵（卒）成杀最常用的杀法之一。

例局 1

如图2-15，红方先行。

①兵三平四　卒1进1

②相九进七　卒1平2

③相七退五　卒2进1

④帅六平五　卒2平3

⑤帅五平四　后卒平4

⑥兵四进一（红胜）

红方二鬼拍门，帅转移到对方的士无法遮拦的一侧助攻取胜。

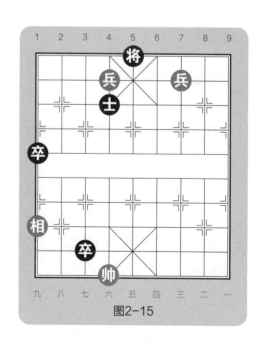

图2-15

例局 2

如图 2-16，红方先行。

① 车二进三　士 5 退 6　　② 车二平四　将 5 平 6

③ 兵四进一　将 6 平 5　　④ 兵四进一（红胜）

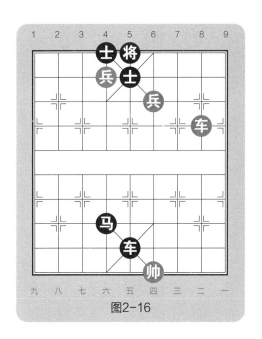

图2-16

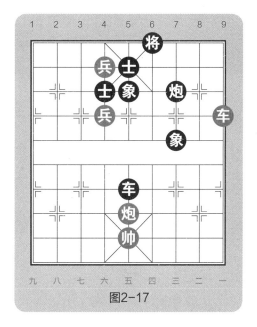

图2-17

例局 3

如图 2-17，红方先行。

① 后兵进一　士 5 进 4　　② 车一平四　将 6 平 5

③ 帅五平四　士 4 退 5　　④ 车四进二（绝杀）

例局 4

如图 2-18，红方先行。

① 炮五进二　马 1 退 3

红方少一子，但"二鬼拍门"攻势强劲。此时炮轰中士，黑方如马3退5，则兵六平五，将5平4，兵四进一绝杀。又如改走象5进3，则炮五平九，也是红方胜势。

② 炮五退三　前马进5　　③ 炮五进二　马3进4

④ 兵六平五　将5平4　　⑤ 兵四进一（绝杀）

红方以下有兵四平五，马4退5，炮四进三的杀着，黑方无解。

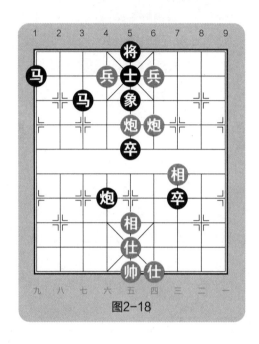

图2-18

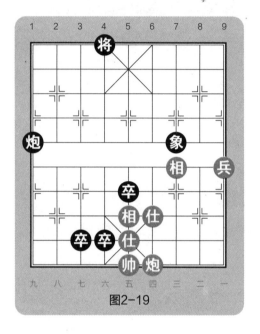

图2-19

例局 5

如图2-19，黑方先行。

① ……　　　　卒3进1

黑方底线献卒，算度深远，构思精巧！

② 炮四平七　炮1进5　　③ 仕五退六　卒5平6

黑方弃卒将红炮拴链在底线，此时分卒合围，杀法精熟。不可走卒4进1，否则帅五进一，卒4平3，相五退七，黑方虽然得炮，但并不能赢棋。

④仕四退五　卒6平7　　　⑤仕五进六　卒7进1

⑥帅五平四　卒7平6　　　⑦帅四平五

红方如兵一进一，则卒4进1，黑胜。

⑦……　　　卒6进1（绝杀）

第5节　锁喉带箭

"锁喉带箭"是指以兵（卒）封锁对方将（帅）门，再用车或其他棋子将死对方的杀法。实战中，车与兵的配合最为常见，又称"车兵锁喉"。

例局1

如图2-20，红方先行。

①车二进三　将6进1

②兵三平四　将6平5

③车二退一　将5退1

④兵四进一（绝杀）

红方车兵追杀黑将，形成绝杀。

例局2

如图2-21，红方先行。

①车一进三　象5退7

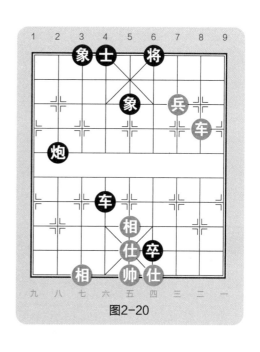

图2-20

②车一平三 将6进1 ③马八进六 士5退4

④车三退一 将6退1 ⑤兵四进一 将6平5

⑥兵四进一（绝杀）

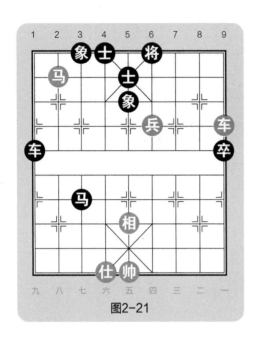

图2-21

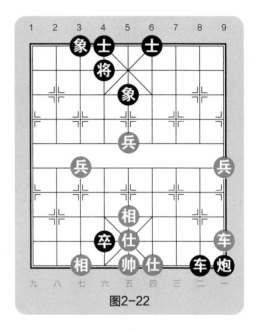

图2-22

例局3

如图2-22，黑方先行。

① …… 车8退3 ②车一退一 车8平3

③相七进九 车3平2 ④相九退七 车2进3

⑤仕五退六 卒4进1 ⑥帅五进一 车2退1（黑胜）

黑方弃炮，迂回运车至红方左翼，车卒将配合巧杀。

例局4

如图2-23，红方先行。

①炮七平四

红炮打士连消带打，胸有成竹。

① ······　　　　卒 2 进 1

② 炮四退六

红方献炮解杀，准备弃炮换卒，着法巧妙！由此奠定胜局。

② ······　　　　炮 2 平 1

黑方如车 4 平 6 吃炮，则兵五平六，车 6 平 3，相五进七绝杀，红胜。再如车 4 退 1，则帅五进一，黑方过河卒必失，也是大势已去。

③ 炮四平八　　车 4 平 2

④ 兵五平六　　将 4 平 5

⑤ 兵六进一（绝杀）

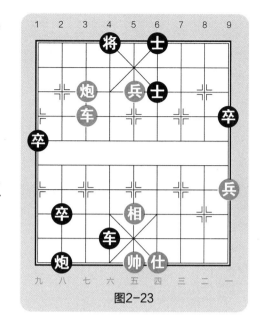

图 2-23

例局 5

如图 2-24，黑方先行。

① ······　　　　车 4 进 2

黑方弃车杀仕，入局妙手，算准有一气呵成的杀势！

② 帅五平六　　车 3 进 2

③ 帅六进一　　炮 5 平 4

④ 仕五进六　　车 3 退 1

⑤ 帅六退一　　卒 4 进 1

⑥ 帅六平五　　卒 4 进 1（绝杀）

黑方以下有车 3 进 1 或卒 4 平 5 的双重杀着，红方无解。

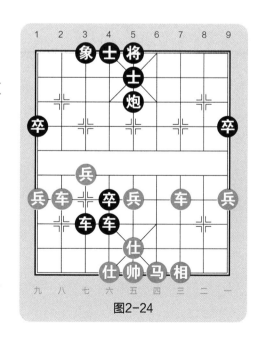

图 2-24

第6节 双车错

"双车错"是指两个车交替"将军"而将死对方的杀法。这种杀法多运用于对方主帅（将）暴露在外受攻或缺仕（士）的情况下。

例局1

如图2-25，红方先行。

① 车二进九　象5退7

② 车三进三　将6进1

③ 车二退一　将6进1

④ 车三退二（红胜）

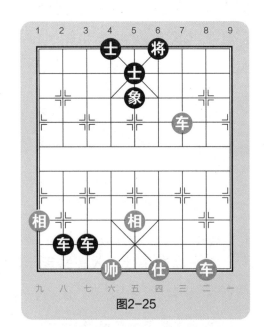

图2-25

例局2

如图2-26，红方先行。

① 车三平五　将5平6

② 车二平三

红方平车瞄象伏有弃车闷杀的手段，是突破黑方防线的关键着法。

②……　　　象7进9　　③ 车三平二　象5退7

红方平车堵塞象眼，步步紧逼，使黑方双象失去联防。

④ 车五平三　将6平5

黑方如象7进5，则车三平四，车6退1，车二进一，象9退7，车二平三，红胜。

⑤ 车三进一　车6退2　　⑥ 车三退一　车4进2

⑦车三平五　将5平4　　⑧车五平八　将4平5
⑨车二平五　将5平4　　⑩车八进一（红胜）

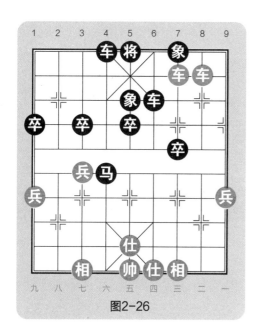

图2-26

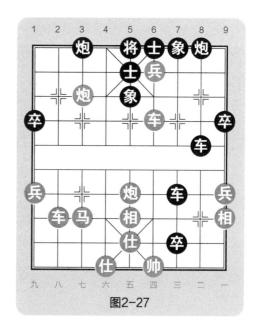

图2-27

例局 3

如图2-27，黑方先行。

①……　　　　卒7平6

黑方弃卒引帅，使红帅暴露在双车的攻击范围内，是取胜的关键着法。也可先车8进5，红方以下有两种应法，一种是相五退三，则卒7平6！帅四进一（如车四退五或帅四平五，则车8平7弃车成杀），车8退1，帅四退一，车7进3，黑胜；另一种是相一退三，则卒7平6，帅四进一，车7进3，黑方双车亦成绝杀之势。

②帅四进一　车8进5

黑车进底线制帅，红帅在劫难逃。

③相一退三　车7进3　　④车八进七　车8退1

⑤帅四进一　车7退2（黑胜）

例局 4

如图 2-28，黑方先行。

①……　　　　马 3 进 5

棋谚说"缺士怕双车"，黑方弃马破士，双车可充分施展威力，正是时机。

②车九进三　将 4 进 1

③炮三进一　炮 6 退 1

④仕六进五　车 2 进 1

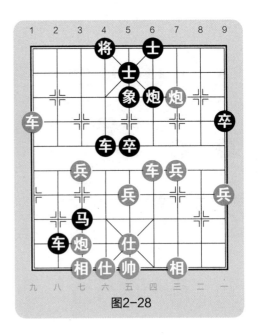

图2-28

黑方进车做杀，紧凑。如误走车 2 平 3 吃炮，则车九退九，车 4 进 4，车四进四，车 4 平 5，帅五平四，红方反败为胜。

⑤仕五进六

红方如相三进五，则车 4 进 4，红方也是败局。

⑤……　　　　车 2 平 3　　⑥帅五进一　车 4 进 3（绝杀）

例局 5

如图 2-29，红方先行。

①马三退二

红方观察到黑方子力占位上的弱点，突施"回马金枪"妙手！

①……　　　　车 6 平 7

②炮一平三　车 7 退 3

③马五进四　车 7 进 4

④仕五退四　车 4 进 4

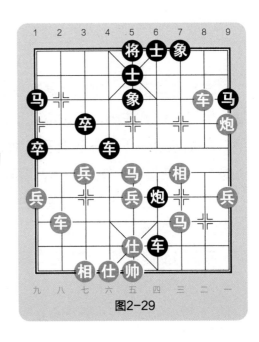

图2-29

⑤马四进三　　将5平4　　　⑥炮三进三

红方步步争先，赢得炮轰底象，双车做杀的机会。

⑥……　　　　象5退7　　　⑦车二平九（绝杀）

第7节　三车闹士

一方双车一兵（卒）围攻对方双士（仕）而成杀的，称为"三车闹士"杀法。因兵（卒）在九宫中与双车配合时的威力，相当于三个车而得名。

例局1

如图2-30，红方先行。

①车三平四

红方弃车杀底士，吸引黑将，入局佳着！

①……　　　　将5平6

②车五平一　　炮5退2

黑方如将6平5，则兵四进一，绝杀。

③车一进二（绝杀）

红方"三车闹士"之势，采用弃车引入战术，车兵紧凑追杀入局。

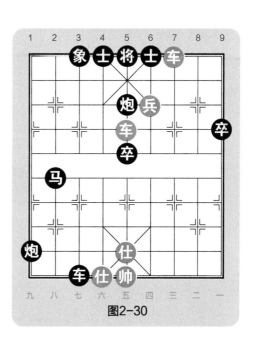

图2-30

例局 2

如图 2-31，黑方先行。

① ……　　　　　车 1 平 6　　② 炮六平四　　后车进 5

③ 仕五进四　　车 6 退 1　　　④ 仕四进五　　车 6 进 1（绝杀）

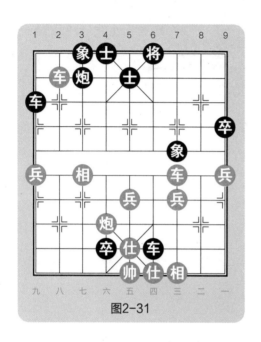

图2-31

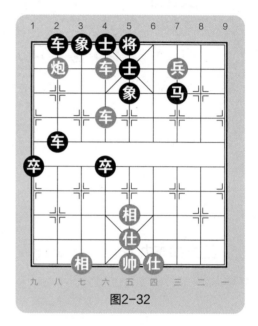

图2-32

例局 3

如图 2-32，红方先行。

① 炮八平五　　士 4 进 5　　② 兵三平四　　象 3 进 1

③ 前车平五

弃车杀中士，杀法精妙！

③ ……　　　　　马 7 退 5　　④ 车六平二　　将 5 平 4

⑤ 兵四平五（绝杀）

例局 4

如图 2-33，黑方先行。

①……　　　车 4 进 3

黑方肋车卡位，"二鬼拍门"之势，着法凶悍！

②车三平五

红方平车无奈！否则黑方有车 3 平 5 的致命手段。

②……　　　炮 2 平 7

③车五进二　车 3 平 7

④相三进一　炮 7 平 8

弃炮引离，着法精彩。

⑤车五平二

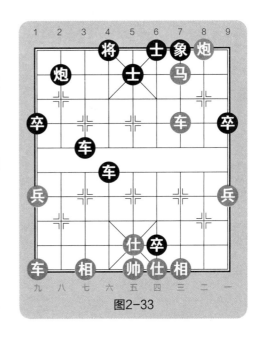

图2-33

红方如车九平八，则炮 8 进 8，相一退三，卒 6 平 5，车五退七，车 4 进 1，黑胜。

⑤……　　　车 7 平 5（绝杀）

第 8 节　闷宫

利用对方双士（仕）自阻将（帅）路的弱点，用炮将死对方的杀法称为闷宫杀法。

例局 1

如图 2-34，红方先行。

①马二进三　车6退2　　②炮三进六（红胜）

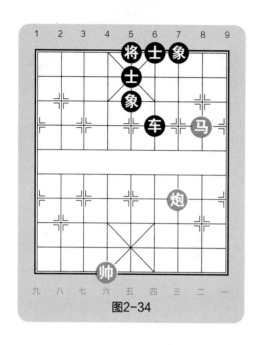

图2-34

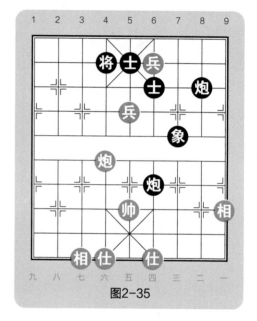

图2-35

例局 2

如图 2-35，红方先行。

①兵五平六　士5进4　　②兵四平五　士6退5

③兵六平七（红胜）

例局 3

如图 2-36，红方先行。

①马五进三　象5进3　　②马三进五　将5平6

③兵六进一

红方进兵催杀，对方两难兼顾，取胜妙手！

③……　　　炮8平5　　④兵六平五　士6进5

⑤炮五平四（红胜）

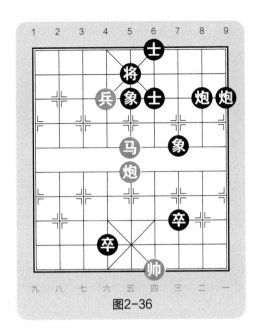

图2-36

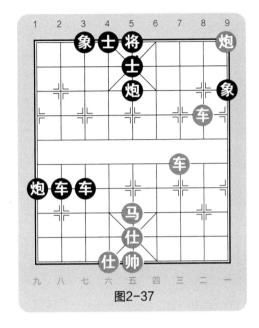

图2-37

例局 4

如图 2-37，红方先行。

①车二进三　士5退6

黑方如象9退7，则车三进五，士5退6，车三平四，将5进1，车二退一，红胜。

②车二退一　士6进5　　③车三进五　士5退6

④车三退一　士6进5　　⑤车二进一　士5退6

⑥车三平五　士4进5

黑方如将5进1，则车二退一，红方亦胜。

⑦车二退一（红胜）

红方双车交替照将，顿挫走位。最后在"宫心"妙手弃车，闷宫杀取胜。

例局 5

如图 2-38，黑方先行。

① …… 　　　　车 4 平 5

黑方弃车破相，运筹闷宫杀法。

② 马三退二

红方如相三进五，则炮 9 进 1，
马三退二，炮 7 进 3，相五退三，
炮 9 平 7，黑胜。

② …… 　　　　车 8 平 7

③ 相三进五　　　车 7 平 5

④ 马二进三　　　炮 9 进 1

⑤ 马三退二　　　炮 7 进 3（黑胜）

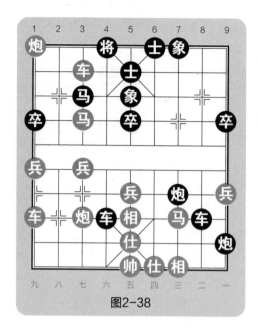

图 2-38

第 9 节　重炮

两个炮重叠在同一条横线或竖线上，后炮利用前炮作"炮架子"，
将死对方的杀法，称为重炮杀法。

例局 1

如图 2-39，红方先行。

① 炮三平五　士 5 进 4　　　② 炮四平五（红胜）

红方利用对方子力拥塞的弱点，重炮巧杀。

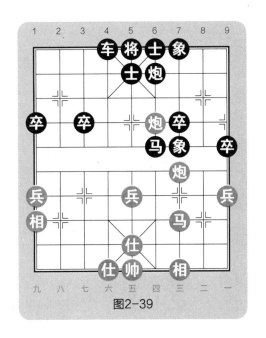

图2-39

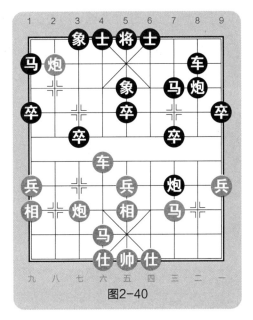

图2-40

例局 2

如图 2-40，红方先行。

① 车六进四

红方献车，塞住象眼伏杀，精妙！

①……　　　　车 8 平 4

黑方如士 4 进 5，则炮七进七，炮击底象后，伏炮八进一的杀棋，红胜。

② 炮七进七　士 4 进 5　　③ 炮八进一（红胜）

例局 3

如图 2-41，红方先行。

① 兵八平七　象 5 退 3

黑方如将 4 平 5，则车八平五，士 6 进 5，炮八进四，红胜。

②车二平六　士5进4　③车八平六　将4进1

④炮五平六　士4退5　⑤炮八平六（红胜）

红方勇弃双车，重炮成杀。

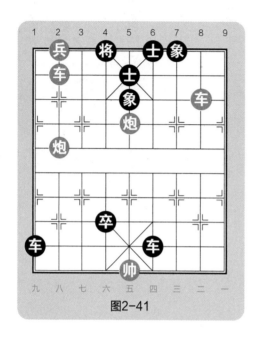

图2-41

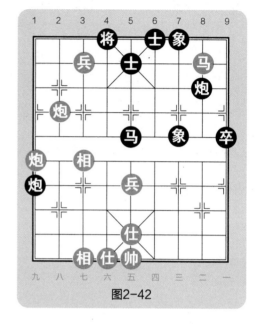

图2-42

例局 4

如图 2-42，红方先行。

①马二退四

红方献马拦截，不给黑炮右移防守的机会，速胜妙手！

①……　　　士5进6　　②炮九进五　将4平5

③兵七平六（绝杀）

例局 5

如图 2-43，红方先行。

①炮二进三　将5进1　　②炮二退一　将5退1

③兵三进一　将5进1

④马三进四　将5进1

黑方如将5平6吃马，则炮一退一，红胜。

⑤炮一退二　士6退5

⑥炮二退一（红胜）

红炮通过连续"将军"顿挫抢位，然后强行献马成杀。

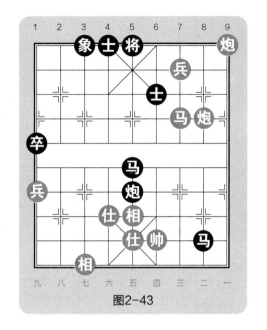

图2-43

第10节　铁门栓

炮镇中路拴链对方子力，然后借助帅（将）或其他子力的助攻作用，用车或兵（卒）直插对方将（帅）门而将死对方的杀法，称为铁门栓杀法。

例局1

如图2-44，红方先行。

①车六进七　将5平4

②车四平六　将4平5

③帅五平六（绝杀）

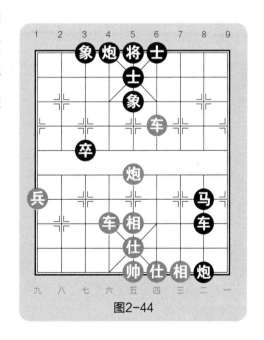

图2-44

例局2

如图2-45，红方先行。

① 马四进三　炮3平7　　② 炮七进三　象5退3

③ 车四进六（红胜）

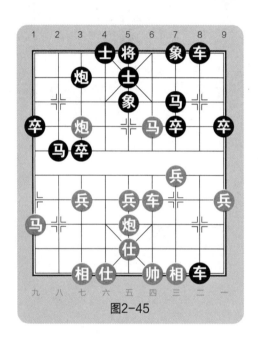

图2-45

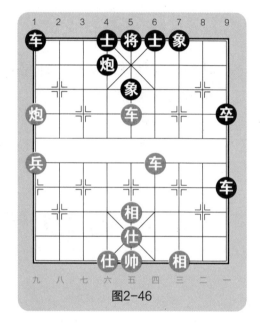

图2-46

例局3

如图2-46，红方先行。

① 车五平四　士4进5

黑方如改走车1进3，则前车进三，将5进1，前车平六，下一步车四进五，红胜。

② 炮九平五　炮4退1

黑方如将5平4，则前车进三，士5退4，车四进五，红胜。

③ 帅五平四

红方出帅助攻，黑方已无解，只能眼看红方下一步前车进三，炮4

平6，车四进五杀，俗称"出帅三把手"。

例局 4

如图2-47，红方先行。

① 前炮平三　象7进9

② 炮三退一　车4平5

③ 炮三平八　车5平2

④ 兵七平六　车2退6

红方通过叫杀腾挪炮位，再通过兑子控制局面。此时黑方主要兵力均受禁锢，只能眼看着红方做成"铁门拴"杀棋。

⑤ 车七进五　卒9进1

⑥ 帅五平四　卒9进1

⑦ 车七平四（绝杀）

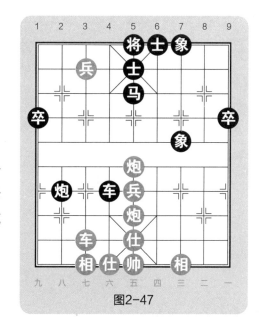

图2-47

例局 5

如图2-48，红方先行。

① 炮二平五　象1进3

② 炮五进二　象3退1

③ 帅六平五　象1进3

④ 帅五平四

红方先立空头炮，禁锢黑方将士活动，再运帅平至四路助攻红兵，是获胜的重要步骤。

④ ……　　　象3退1

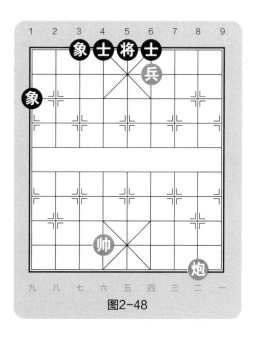

图2-48

043

⑤炮五平二　士6进5　　⑥帅四平五

红方平炮叫杀，虚晃一枪，再帅平中路牵制，取胜的要着。

⑥……　　　象1进3　　⑦帅五退一　象3退1

⑧炮二平七

黑方只有双象可动，且此时红炮平七路禁控，黑方如再飞高象，红方炮打底象闷宫，只有飞中象自投罗网。

⑧……　　　象3进5　　⑨炮七平五　象1退3

⑩帅五平四

本局选自经典古谱，红方采用禁、控、调运等战术，最终形成精巧的炮兵铁门拴妙杀。

第11节　平顶冠

"平顶冠"杀法是指运用炮和对方将（帅）在同一条直线上且中间没有其他子力，使其士象不能护卫，再借炮威用其他子力将死对方，亦称"空头炮"杀法。杀法过程犹如给对方将（帅）头上戴了顶帽子，故而得名。

例局1

如图2-49，红方先行。

①马三进五　象7进5　　②炮五进三　马5退7

③车二进八　炮4平2　　④车二平五

红方空头炮攻势辅以双车下二路卡位，是典型的平顶冠杀法。

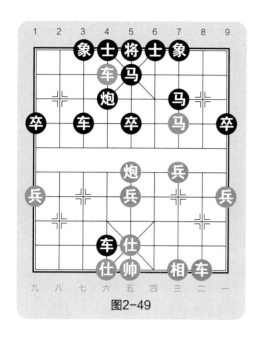

图2-49

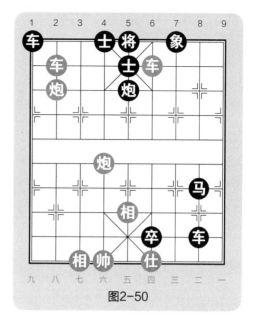

图2-50

例局2

如图2-50，红方先行。

①炮六进三　炮5平2

黑方如士5进4，红方则炮八平五，亦是绝杀。

②炮六平五　士5进4

③车八平五（红胜）

例局3

如图2-51，红方先行。

①车九进二　炮6退1

②炮五平三　炮6平7

黑方如炮6平3，则炮三进二，

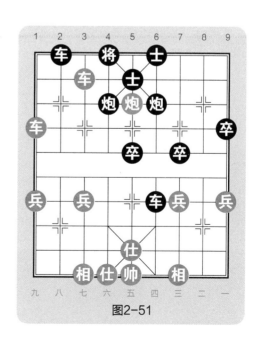

图2-51

将4进1，车九平七，红胜。

③车七平六　　将4平5　　　④炮三平五　　士5进6

⑤车六平三（绝杀）

红方顿挫腾挪子力，以空头炮配合双车成杀。

如图2-52，红方先行。

①炮三平五　　象5退3

黑方如士4进5，则车八进二杀！又如士6进5，则车三进二，同样是红胜。

②车八进一

红方进车控制下二路线，攻杀之要点。

②……　　　　车3平5

黑方如车8平6，则车三进一，红方亦胜。

③车三平五　　士6进5

④车五进一　　将5平6

⑤车五平四　　将6平5

⑥车八平五（红胜）

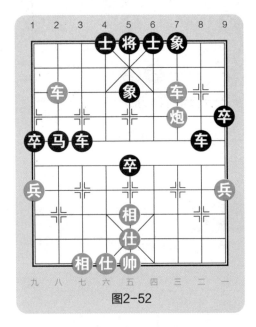

图2-52

如图2-53，黑方先行。

①……　　　　马7进6

②仕五退四　　车7退1！

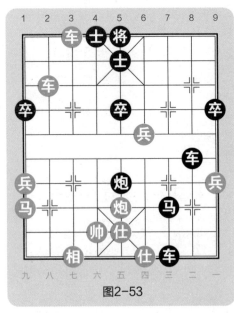

图2-53

③帅六退一　车8平4　　④炮五平六　车4进2

⑤帅六平五　车4进1（绝杀）

第12节　炮辗丹砂

"炮辗丹砂"是指一方用炮侵入对方底线，借力辗转扫荡对方子力，从而构成杀势。取胜过程如同中药炮制药散时，滚轮在槽里来回翻转碾压的样子，故而得名。

例局 1

如图2-54，红方先行。

①车二进一　士5退6

②炮三进五　士6进5

③炮三平六　士5退6

④炮六平八　象3进1

⑤炮七进七　将5进1

⑥车二退一（红胜）

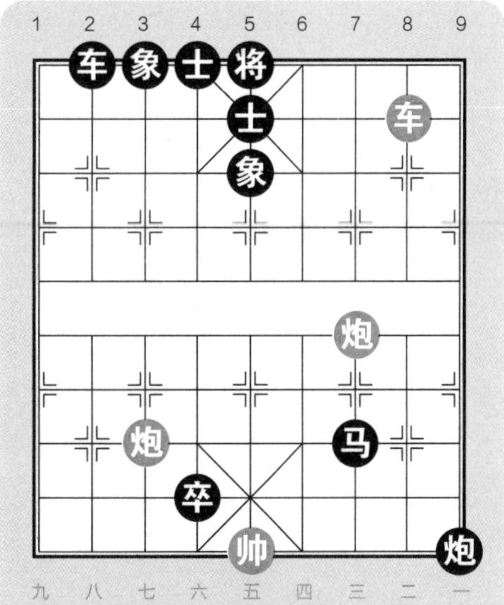

图2-54

例局 2

如图2-55，红方先行。

①炮二平六　马4退3　　②车二进二　炮7退2

③前炮平三　马3退2　　④炮三平八　将6进1

⑤炮六进六　士5进4　　⑥车二退一　将6退1

⑦炮六平九（绝杀）

红方弃车利用"炮辗丹砂"攻势扫荡，以车双炮左右夹击取胜。

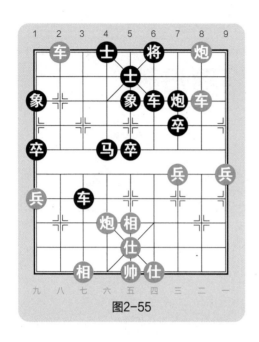

图2-55

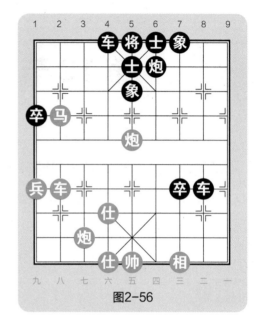

图2-56

例局3

如图2-56，红方先行。

①马八进六

红方弃马引离，黑方底线露出破绽，取胜要着。

①……　　　　车4进2　　②车八进六　车4退2

③炮七进八　车4进7　　④炮七平四　车4退7

⑤炮四平六（绝杀）

例局 4

如图 2-57，红方先行。

① 后炮平八

含蓄有力的运子，形成车双炮三子联攻，黑方顿感难以应付。红方如改走车九进三，则士 5 退 4，炮七进一，士 4 进 5，红方前线车炮进攻力量显然不足。

①……	士 5 退 4
② 炮八进七	士 4 进 5
③ 炮八退四	车 8 进 3
④ 车九进三	士 5 退 4
⑤ 炮八进四	士 4 进 5
⑥ 炮八平四	士 5 退 4
⑦ 炮四平六	象 7 进 9
⑧ 炮六平八（绝杀）	

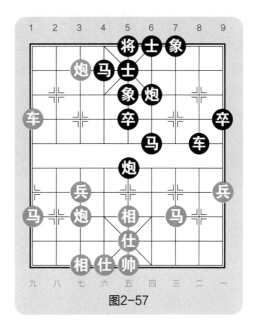

图2-57

红方抓住黑方右翼底线的破绽，调运车双炮，炮辗丹砂，左右翻打，一举成杀。

例局 5

如图 2-58，红方先行。

① 车六平八

红方驱逐黑马，瞄准了黑方底线的弱点。

①……	马 2 进 3
② 车八进三	士 5 退 4
③ 车二平六	士 6 进 5
④ 炮九平六	

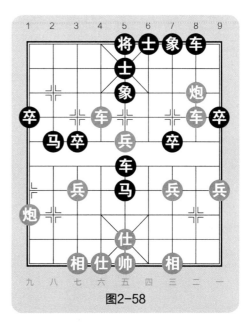

图2-58

红方平炮准备炮轰底士，双车做杀，攻势凌厉。

④……　　　象5退3　　⑤炮六进七　车8进2

⑥炮六平三　将5平6　　⑦炮三平七

红方炮辗丹砂势不可挡，是双车炮兵种组合的经典杀法。

⑦……　　　车8平4　　⑧炮七退一　车4退2

⑨车六平一　将6平5　　⑩炮七进一（红胜）

第13节　进洞出洞

"进洞出洞"通常是指肋车在底线炮等子力的配合下，来回追击将（帅）获胜。因其取胜过程一进一退，如进出洞口，故而得名，是实战中常见的车炮联杀形式。

例局1

如图2-59，红方先行。

①马八进七　马1退3

②前炮进三　马3退1

③炮九进七　士5退4

黑方如炮3进4，则车六进五，双将杀。

④车六进五　将5进1

⑤车六退一（红胜）

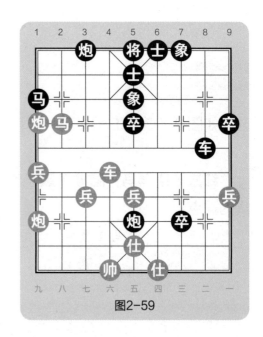

图2-59

例局 2

如图 2-60，红方先行。

① 炮五平八

红方运炮侧翼，伏有弃车破防，再进炮照杀的手段。瞬间击中黑方要害，是取胜的冷着。

① ……　　　　车 5 平 3

黑方平车于事无补，此时也无解救的好方法。

② 车八平六　士 5 退 4　　　③ 炮八进四　车 3 退 3

④ 车六进一　将 5 进 1　　　⑤ 车六退一（红胜）

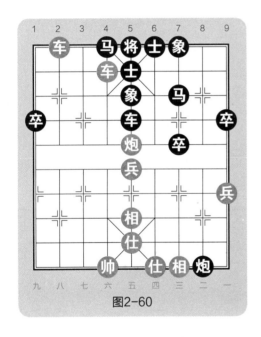

图2-60

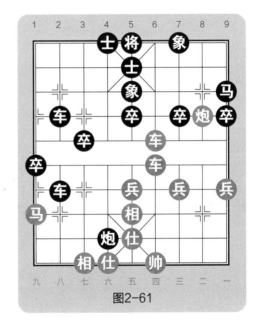

图2-61

例局 3

如图 2-61，红方先行。

① 前车进三　炮 4 退 7　　　② 前车平一　炮 4 平 9

③ 炮二进三　士 5 退 6　　　④ 车四进五　将 5 进 1

⑤ 车四退一（红胜）

例局 4

如图 2-62，红方先行。

① 帅五平六

红方出帅伏有杀棋！

① ……　　　象 5 进 3

② 炮三平五　象 3 退 5

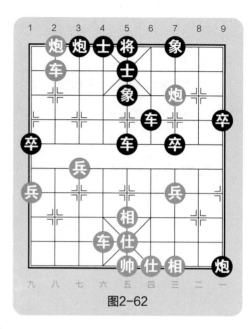

图2-62

红方中路献炮照将好棋。黑方如将 5 平 6，则车八平五杀中士，又如士 5 进 4，则车六进六均是绝杀，红胜。

③ 车八平五　将 5 进 1

④ 车六进七　将 5 退 1

⑤ 车六进一　将 5 进 1　　⑥ 车六退一（红胜）

红方大胆穿心，车炮借帅成杀。黑将来回走动三次终被将死，俗称"金鸡三点头"。

例局 5

如图 2-63，红方先行。

① 马六进五　车 7 平 5

黑方如士 5 进 4，则车六进四，士 4 进 5，车六进二，士 5 退 4，马五进七，红胜。

② 炮九进一　象 1 退 3

③ 兵四平五　将 5 进 1

④ 车六进五　将 5 退 1

⑤ 车六进一　将 5 进 1

⑥ 车六退一（红胜）

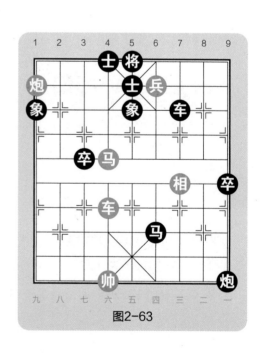

图2-63

第14节 夹车炮

车和双炮集中在对方九宫侧翼交替将军，从而取胜的杀法，称为"夹车炮"杀法。

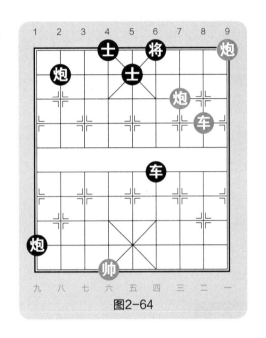

图2-64

例局1

如图2-64，红方先行。

① 车二进三　将6进1

② 车二退一　将6进1

③ 炮一退二（红胜）

例局2

如图2-65，红方先行。

① 炮九平七　将6进1

② 车二进一　将6进1

③ 炮七退二　士5进4

④ 车二退一　将6退1

⑤ 炮七进一　士4进5

⑥ 兵六平五　将6平5

⑦ 车二进一　将5退1

⑧ 炮七进一（红胜）

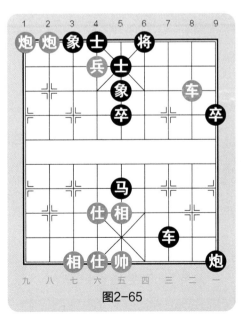

图2-65

例局 3

如图 2-66，红方先行。

① 车三退一　将 6 进 1

② 车三退三

红方退车断道，先控盘再进攻。此步退车既能拦截对方平边路兑炮的手段，又防止黑车吃炮，是一举两得的妙手！

② …………　炮 5 平 2

③ 炮二进一　象 5 退 7

④ 炮一退一　象 3 进 5

⑤ 炮二进一（绝杀）

红方双炮展开，形成夹车炮绝杀。

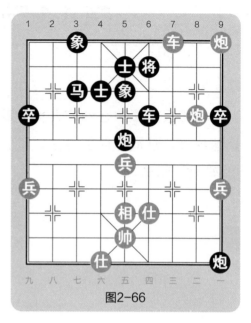

图2-66

例局 4

如图 2-67，红方先行。

① 炮二进一　将 5 进 1

② 车三进三　将 5 进 1

③ 车三退一

红方不能炮二退二组杀，否则黑方可底线照将再抽车。

③ …………　将 5 退 1

④ 炮二退一　将 5 退 1

⑤ 车三平五

红车中路照将，截断黑方抽将增援左翼的通道，攻杀思路清楚。

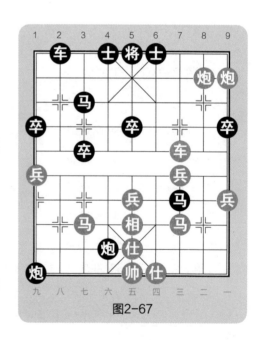

图2-67

⑤……　　　士6进5　　⑥炮二进一　车2进9
⑦仕五退六　车2退2　　⑧马七退八　将5平6
⑨车五平三（绝杀）

红方通过顿挫战术消除对方车炮抽将的干扰，构成标准的"夹车炮"杀势。

例局 5

如图2-68，红方先行。

①车八进二　士5退4

②前炮进三　士4进5

③前炮退一　士5退4

④后炮平五　象7进5

⑤炮七进一　士4进5

⑥炮五进五　将5平4

⑦炮七退一　将4进1

⑧炮五平九（绝杀）

红方利用黑方车位不佳的弱点，双炮灵活调运，组成"夹车炮"杀棋。

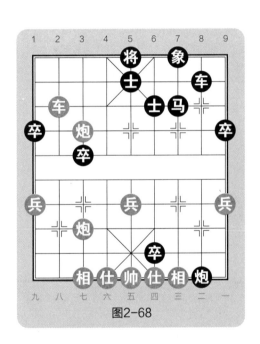

图2-68

第15节　天地炮

一炮在中路，另一炮在对方底线，分别牵制对方的防守子力，然后用其他子力配合攻杀而将死对方的杀法，称为"天地炮"杀法。因双炮占位的特点，故而得名。

例局1

如图2-69，红方先行。

① 炮九进四　士5退4

黑方如象3进1，则炮八进七，红胜。

② 炮八平五　士6进5　　③ 车六进五（红胜）

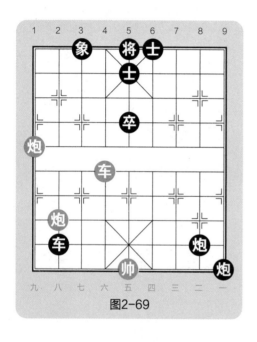

图2-69

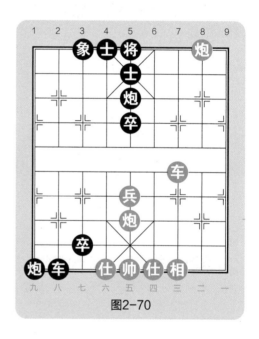

图2-70

例局2

如图2-70，红方先行。

① 车三进五　士5退6　　② 炮五进四　炮5进4

黑方如士4进5，则车三退四，闷宫杀。

③ 车三退一（红胜）

例局 3

如图 2-71，黑方先行。

① ……　　　　炮 3 平 2

黑方平炮准备下底炮，展开天地炮攻杀，一步定乾坤。

②车四平五　炮 2 进 3（绝杀）

黑方双炮任对方吃，红方无论吃掉哪一个，都解不了黑方下一步车 4 进 3 的杀棋。

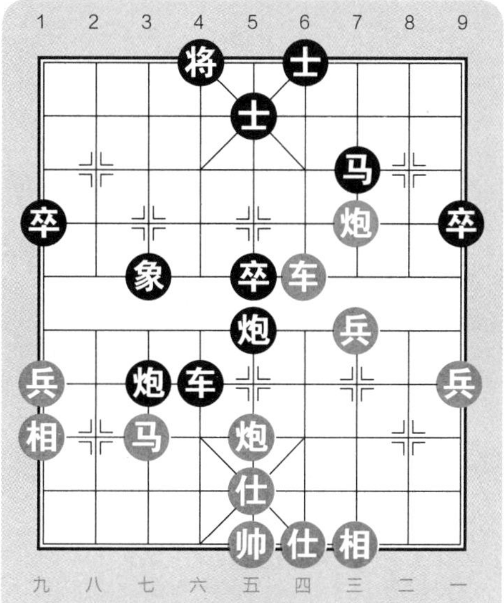

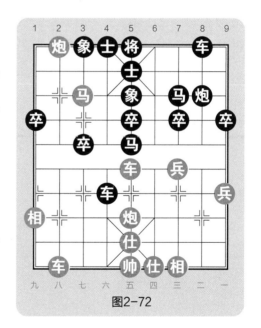

图2-71

例局 4

如图 2-72，红方先行。

①马七退五

红方通过兑子清除中路过多的子力障碍，继而发挥中炮的威力。好棋！

① ……　　　　马 7 进 5

②车五进一　马 5 退 7

③炮八平九

天地炮杀势已成，平边炮伏有进底车的凶着。

③ ……　　　　车 8 平 6

④车八进九　车 6 进 6

⑤车五进二（黑方认负）

图2-72

例局 5

如图 2-73，红方先行。

① 兵五平六　　马 3 进 5

② 前炮平九　　马 5 退 4

③ 炮九进二　　马 4 退 2

④ 车四进四

红方双炮在中路不能立即入局，借抽将之势转为天地炮攻势。此时弃车杀士，精妙绝伦，由此打开胜利之门。

④ ……　　　　将 5 进 1

黑方如改走炮 9 平 6，则兵六平五，车 8 平 5，车八进九，象 7 进 5，车八退一，象 5 退 3，车八平五，红胜。

⑤ 车八进八　　马 2 进 4　　　　⑥ 兵六平五　　象 7 进 5

⑦ 车四平五（红胜）

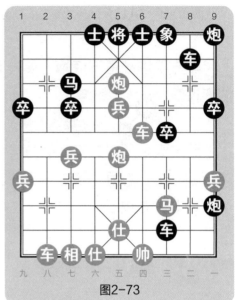

图2-73

第16节　卧槽马

　　攻方马进到对方象（相）位前一格的位置，称为"卧槽马"。直接用卧槽马将杀对方，或利用卧槽马叫将，迫使对方将（帅）不安于位，再用其他子力配合卧槽马将死对方的杀法称为卧槽马杀法。

例局 1

如图 2-74，红方先行。

① 车七平六　将 4 平 5　　② 马五进三（红胜）

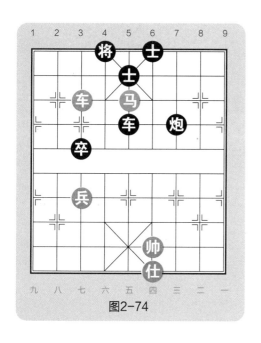

图2-74

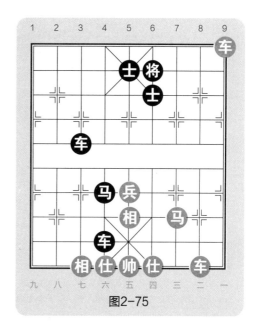

图2-75

例局 2

如图 2-75，黑方先行。

① ……　　　　车 4 平 5　　② 仕四进五

红方如仕六进五，黑方同样是卧槽马将军再平车成杀。

② ……　　　　马 4 进 3　　③ 帅五平四　车 3 平 6（黑胜）

例局 3

如图 2-76，红方先行。

① 车六平五　士 6 进 5　　② 马五进七（红胜）

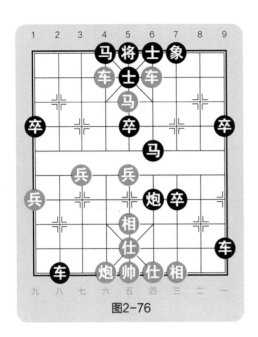

图2-76

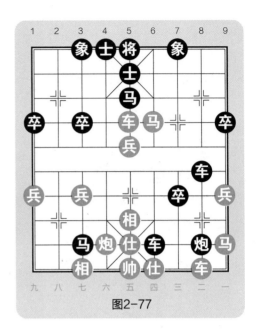

图2-77

例局 4

如图 2-77，黑方先行。

①……　　　车 8 平 4

黑方平车攻击红方防守卧槽马的六路炮，击中要害！

②帅五平六　车 6 平 5

弃车杀仕，为卧槽马杀法清除障碍，一气呵成。

③仕四进五　车 4 进 3　　④帅六平五　车 4 退 3

⑤帅五平四　车 4 平 6　　⑥仕五进四　车 6 进 2（黑胜）

例局 5

如图 2-78，红方先行。

①马六进四　士 6 进 5

红方子力占位绝佳，奔马卧槽奇袭。黑方如车 3 退 2 吃马，则车八平六！士6进5，马四进三，将5平6，炮八退八，下一步炮八平四，红方胜定。

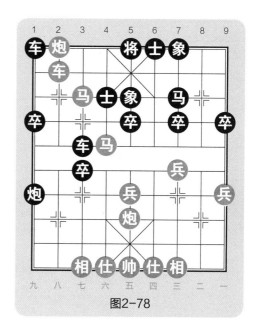

图2-78

　②马四进三　将5平6

　③炮五平四　将6进1

平肋炮控线可称为"将门炮"，与卧槽马是绝佳的子力配合。黑方如车3退2吃马，则车八退三，将6进1（象5进3，车八平七！车3进2，炮八退八，红胜）车八平四，士5进6，炮四平二！士4退5，炮八退一，车3退1，炮二平四，炮1平9，车四进二，将6进1，炮八退七绝杀，红胜。

　④马七进六　将6进1　　⑤车八平五　士4退5

　⑥炮八退八（绝杀）

红方以卧槽马配合"将门炮"为进攻思路，攻势犀利，一举成杀。

第17节　挂角马

攻方马在对方士（仕）角位置直接将杀对方，或利用挂角马令对方将（帅）不安于位，然后运用其他子力把对方将死的杀法称为挂角马杀法。

例局 1

如图 2-79，红方先行。

①车三平四　马 4 退 6　　②马四进六（红胜）

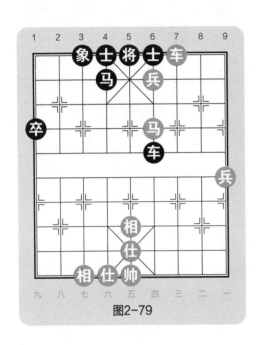

图2-79

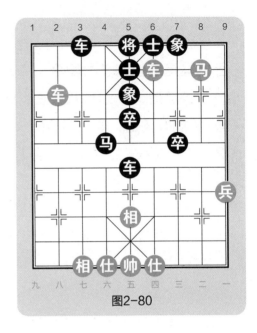

图2-80

例局 2

如图 2-80，红方先行。

①车四进一　士 5 退 6　　②马二退四　将 5 进 1

黑方如将 5 平 4，则车八平六，红胜。

③车八进一（红胜）

红方弃车杀士，再退马挂角配合左车成杀，这种攻杀形式也称"白马现蹄"杀法。

例局 3

如图 2-81，黑方先行。

① …… 车 7 进 1（绝杀）

黑方接下来伏有车 6 进 7，仕五退四，马 4 退 6 的挂角马杀棋，红方无解。

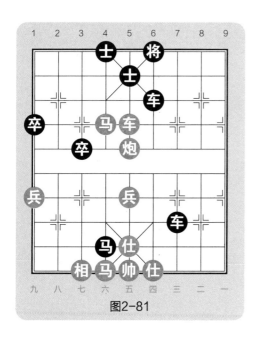

图2-81

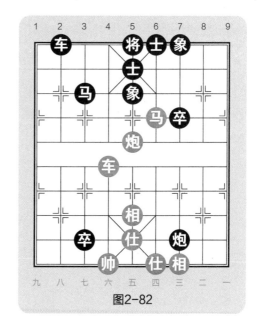

图2-82

例局 4

如图 2-82，红方先行。

① 马四进六　将 5 平 4　　② 马六进七　将 4 平 5

③ 车六进五　马 3 退 4　　④ 马七退六（红胜）

例局 5

如图 2-83，红方先行。

① 兵七进一　将 4 平 5

② 马七进八

红方进兵底线叫将，再跳外马进攻，着法刁钻，冷着制敌。

②……　　　　马 7 进 5

黑方面对红方马三进五献马绝杀的手段，无法解救。如马 5 退 6，则马八退六（兵七平六亦可），将 5 平 6，马三进二，红胜。

③ 马三进五　象 3 退 5

④ 兵七平六　士 5 退 4

⑤ 马八退六（红胜）

红方运筹帷幄以"白马现蹄"杀法入局成杀。

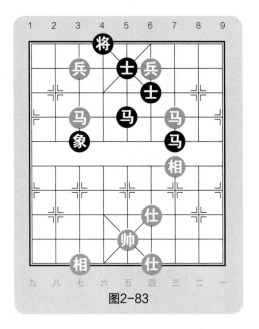

图2-83

第18节　八角马

攻方马在对方九宫士（仕）角位置，与对方将（帅）形成对角，使其失去活动自由，然后用其他子力将死对方的杀法称为八角马杀法，也称"八角定将"。

例局 1

如图 2-84，红方先行。

① 马九进七　将 5 平 4

黑方如改走将 5 平 6，则马二退三，将 6 进 1，马七进六，红方下一步马三进二杀。

② 马二进四　将 4 进 1　　③ 马七退九（绝杀）

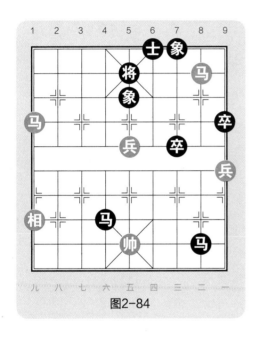

图2-84

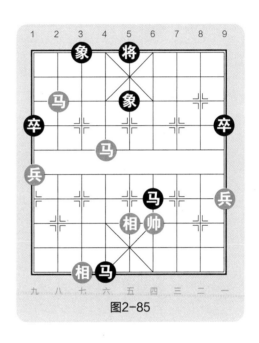

图2-85

例局 2

如图 2-85，黑方先行。

① ……　　　　　马 6 退 7　　② 相五进三　马 7 进 5

③ 马六退五　马 5 进 7　　④ 马五退六　象 5 退 7

⑤ 马六退四　马 7 退 5（黑胜）

例局 3

如图 2-86，红方先行。

① 马二进三　　士 5 退 6　　　② 马三退四　　士 6 进 5

③ 车七进一（红胜）

红方借炮运马，八角定将成杀。

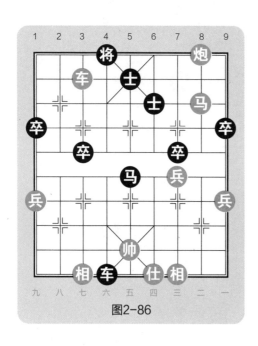

图2-86

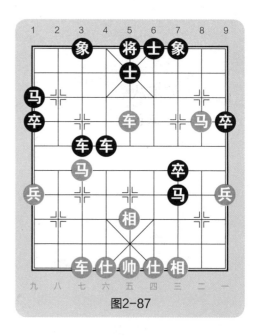

图2-87

例局 4

如图 2-87，红方先行。

① 马七退五

黑方将门是生命线，红方退马兑车夺取要道，巧妙成杀。

① ……　　　　　车 3 进 5　　　② 马五进六　　车 3 退 6

③ 马二进四　　将 5 平 4　　　④ 车五平七　　马 1 进 3

⑤ 马六进七（红胜）

例局5

如图2-88，黑方先行。

① ……　　　　车6进7

② 帅五平四　　马7进8

③ 帅四平五　　车5进5

④ 帅五平六　　马8退6

黑方退马形成"八角马"攻势。

⑤ 相七进五

红方如炮八平五，则车5进1，帅六进一，车5退2，仍为黑胜。

⑤ ……　　　　车5退1

⑥ 帅六进一　　车5平2

⑦ 帅六退一　　车2进2（黑胜）

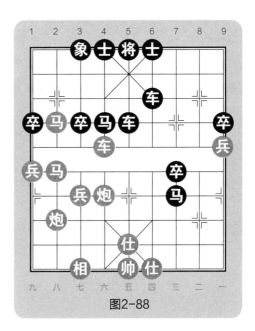

图2-88

第19节　钓鱼马

攻方马跳到对方底象（相）上两格的位置，虽没有对处于原位的将（帅）直接形成将军，却控制住了九宫中心和侧翼底线两个位置。恰似鱼钩等待着对方老将上钩，所以被形象地称为"钓鱼马"。用其他子力配合钓鱼马将死对方的杀法叫"钓鱼马杀法"。

例局1

如图 2-89，黑方先行。

① ……　　　　车 4 进 3　　　② 帅五平六　　马 4 进 3

③ 帅六平五

红方如帅六进一，则车 2 平 4，黑胜。

③ ……　　　　车 2 进 7　　　④ 相五退七　　车 2 平 3（黑胜）

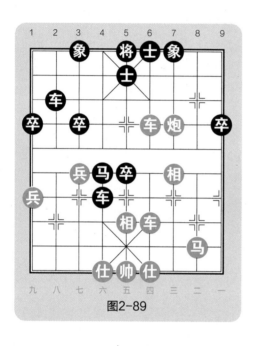

图2-89

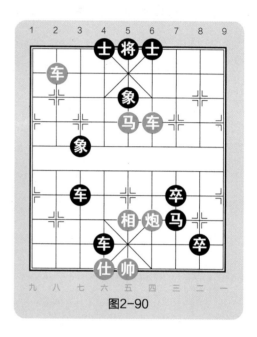

图2-90

例局2

如图 2-90，红方先行。

① 车四进三　　将 5 平 6　　　② 马五进三　　将 6 平 5

③ 车八平二　　象 5 退 7　　　④ 车二进一　　象 3 退 5

⑤ 炮四进六（绝杀）

例局 3

如图 2-91，红方先行。

①马四进六

红方献马士角，巧妙走位，迅速形成攻势，着法潇洒！

①……　　　马 9 进 7

黑方不能士 5 进 4 吃马，否则兵六进一，将 4 平 5，兵六进一，红方车兵逼宫，绝杀黑方。

②帅五平四　　车 7 平 6

③仕六进五　　车 6 平 8

④马六进八　　将 4 平 5

⑤车九进四　　士 5 退 4

⑥马八进六（绝杀）

红方下一步马六退七钓鱼马杀，黑方无解。

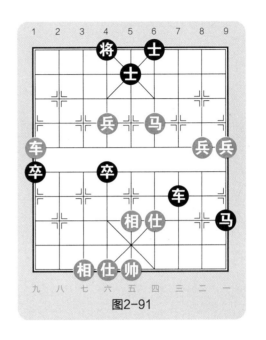

图2-91

例局 4

如图 2-92，红方先行。

①马四进六　　炮 1 平 4

②马六退八　　炮 4 平 2

③马八进七　　将 4 进 1

④炮五平六（红胜）

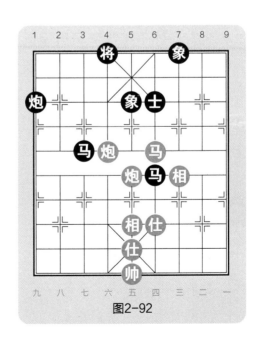

图2-92

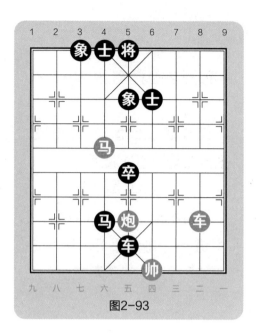

图2-93

例局 5

如图 2-93，红方先行。

① 车二进七　将 5 进 1

② 马六进七　将 5 平 6

③ 马七进六　将 6 平 5

④ 马六退七　将 5 平 6

⑤ 车二退一　将 6 退 1

⑥ 车二退一（绝杀）

第 20 节　高钓马

攻方马处于比钓鱼马更靠近河界一步的位置称为"高钓马"。当对方将（帅）在外，尤其是在宫顶士（仕）角位置时，这个位置上的马可以限制将（帅）的活动，然后用车或其他子力将死对方的杀法，称为高钓马杀法。主要是车马配合，也称"侧面虎"。顾名思义，这种杀法像老虎一样迅猛。

例局 1

如图 2-94，红方先行。

① 车七进五　将 4 进 1　　② 马五进七　将 4 进 1

③ 车七退二　将 4 退 1　　④ 车七进一　将 4 进 1

⑤ 车七平六（红胜）

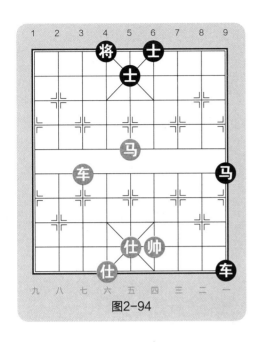

图2-94

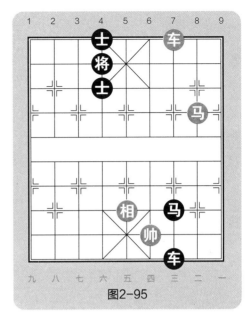

图2-95

例局 2

如图 2-95，红方先行。

① 车三退一　士4退5　　② 马二进四　将4进1

③ 马四退五　将4平5　　④ 马五进七　将5平4

⑤ 车三退一　士5进6

⑥ 车三平四（红胜）

例局 3

如图 2-96，红方先行。

① 车六进三　将5平4

黑方如改走士5退4，则马五进六，将5平6（如将5进1，则车八进二），车八平四，红胜。

② 车八进三　象5退3

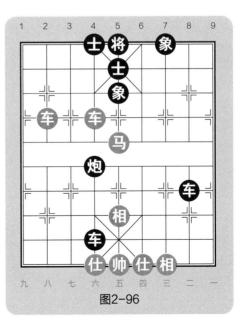

图2-96

③车八平七　将4进1　　④马五进七　将4进1

⑤车七退二　将4退1　　⑥车七平八　将4退1

⑦车八进二（红胜）

例局 4

如图2-97，红方先行。

①车二进五　将6进1

②车二平五

红方"篡位车"中线控将，再运马可成侧面虎杀法。

②……　　　　车1平3

③马三退一　车3平4

④帅六平五　士6退5

⑤马一退三　将6进1

⑥车五平二　炮3退7

⑦车二退一（绝杀）

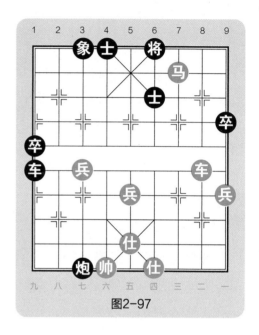

图2-97

例局 5

如图2-98，红方先行。

①车四进三

红方弃车杀士，凶悍绝伦，精彩！

①……　　　　将5平6

②马三进五　炮3进1

黑方如改走马4退5，则马五退三，马5退7，车二平三，将6

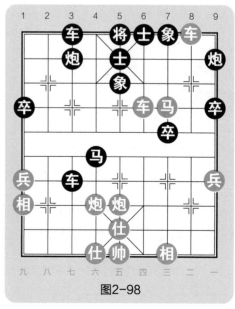

图2-98

进1，车三退二，前车退3，车三进一，将6进1，马三退五，前车平5，车三退二，车5进1，车三平四，红胜。

③马五退三　炮3平7　④车二平三　将6进1

⑤车三退二（绝杀）

第21节　拔簧马

车借马力抽将，直到将死对方的杀法称为拔簧马杀法。因状如拨开弹簧一般，故而得名。

例局1

如图2-99，红方先行。

①马二进三　将5平4

②马七进八　将4进1

③车七进四　将4退1

④车七平五（红胜）

例局2

如图2-100，红方先行。

①车三进三　将6进1

②马三进二　将6进1

③车三退二　将6退1

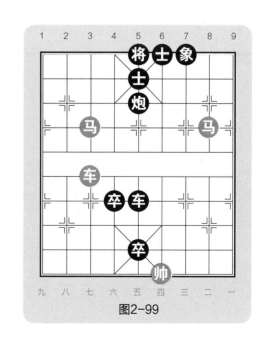

图2-99

④车三退三 将6进1

黑方如将6退1，则车三进五，红胜。

⑤马二进三 将6退1

黑方如将6平5，则车三进三，士5进6，车三平四，红胜。

⑥车三平四 士5进6

⑦车四进三（红胜）

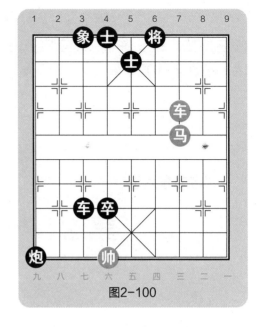

图2-100

例局 3

如图2-101，红方先行。

①车五平六 象5进7

黑方如卒4平5（如士4进5，则马六进八双将杀），则马六退八，将4平5，马八进七，将5退1（如将5平6，则车六平四，红胜），车六进四，红胜。

②马六进四 将4平5

③车六进三 将5进1

④马四退五 士6进5

黑方如卒6进1，则马五进三，将5平6，车六平四，红胜。

⑤车六退二

红方退车叫杀，已成拔簧马绝杀之势。

⑤…… 士5退6 ⑥车六平五 将5平6

⑦车五进二（红胜）

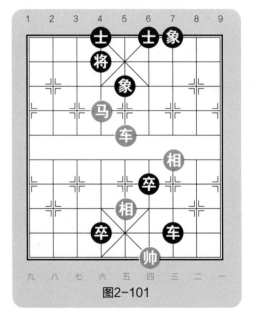

图2-101

例局 4

如图 2-102，黑方先行。

① ······　　　　士 5 进 4

黑方中路露将助攻，车马扬威。

② 仕五进四

红方如车六进三，则车 5 进 3，帅五退一，马 7 进 6，车马如弹簧抽杀之势，黑方亦胜。

② ······　　　　马 7 进 8

③ 马三进一　　　马 8 进 6

④ 帅六退一　　　车 5 进 4

⑤ 帅六进一　　　车 5 退 2

⑥ 帅六退一　　　车 5 平 4（黑胜）

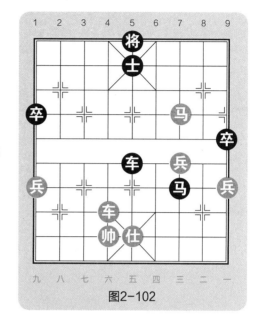

图2-102

例局 5

如图 2-103，红方先行。

① 马三进四　　　将 5 进 1

② 车八进六　　　将 5 进 1

③ 车八退一　　　将 5 退 1

④ 马五进六　　　将 5 平 6

⑤ 马四进二　　　象 3 进 5

⑥ 车八平五　　　士 6 进 5

⑦ 车五平三　　　卒 6 进 1

⑧ 车三进一　　　将 6 进 1

⑨ 车三平五（红胜）

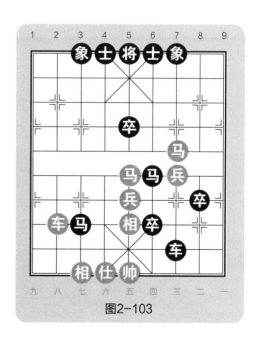

图2-103

第22节 双马饮泉

"双马饮泉"这一名称源于象棋古谱《橘中秘》的残局，是指双马盘旋，互借威力围绕对方九宫选位连续攻杀而取胜的杀法。

例局1

如图2-104，红方先行。

① 马八进六

红方献马士角，暗伏杀机。黑方无法拆解，已是绝杀之势。

① ……　　　　马8进6

② 兵六进一　将5平4

③ 前马进八　将4平5

黑方如改走将4进1，则马六进八，红胜。

④ 马六进七　将5平4

⑤ 马七退五　将4平5

黑方如改走将4进1，则马五退七，红胜。

⑥ 马五进三（红胜）

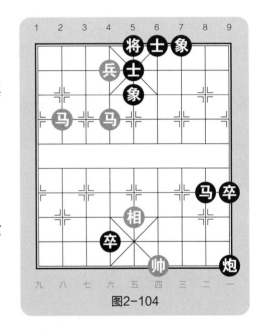

图2-104

例局2

如图2-105，红方先行。

① 马六进七

红方卧槽"将军"先制将，次序不能错。如先走兵四平五，则将5平6！红方反倒不能成杀。

① ……　　　将5平4　　②兵四平五　士6退5

③马七退五　将4平5　　④马五进三（红胜）

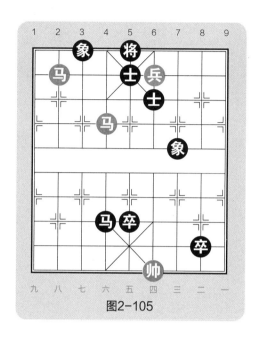

图2-105

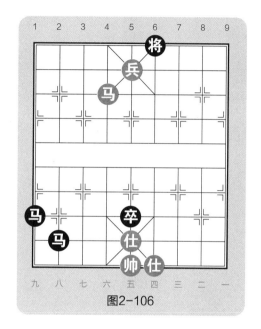

图2-106

例局 3

如图2-106，黑方先行。

① ……　　　马1进3　　②帅五平六　马3退4

③帅六平五　卒5进1　　④仕四进五　马4进3

⑤帅五平六　马3退5　　⑥帅六平五　马5进7（黑胜）

例局 4

如图2-107，红方先行。

①车九平七　象5退3　　②马七进六　将5平4

③马六进八　将4平5　　④马九进七　将5平4

⑤马七退五　将4平5　　⑥马五进三（红胜）

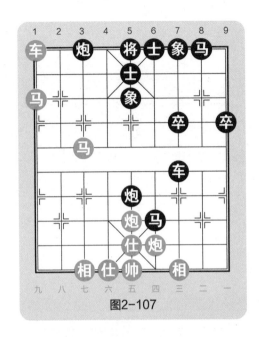

图2-107

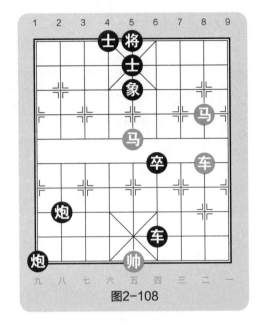

图2-108

例局5

如图2-108，红方先行。

①马二进三　将5平6　　②车二进五　象5退7

黑方如将6进1，则马五进三，将6进1，车二退二，红胜。

③车二平三　将6进1　　④马五进三　将6进1

⑤车三平四

红方弃车精妙，柳暗花明！

⑤……　　　士5退6　　⑥后马退五　将6退1

⑦马五进六　将6进1　　⑧马三退二（红胜）

第 23 节 马后炮

攻方马与对方的将（帅）处于同一直线上，中间隔一步，再用炮在马后将军成杀，称为"马后炮"杀法。

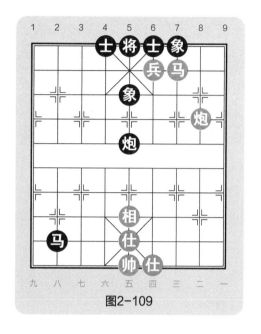

图2-109

例局 1

如图 2-109，红方先行。

① 兵四平五　将 5 进 1

② 炮二进二（红胜）

例局 2

如图 2-110，黑方先行。

① ……　　　　马 6 进 4

黑方以马换炮，马炮成杀。

② 帅六进一　炮 8 平 4

③ 仕六退五　马 7 进 5

④ 马二进四

红方如马二退四，则马 5 进 3，帅六退一，马 3 进 2，帅六平五，炮 4 平 7，马一退三（如马四退三，马 2 退 4，帅五平六，炮 7 平 4，

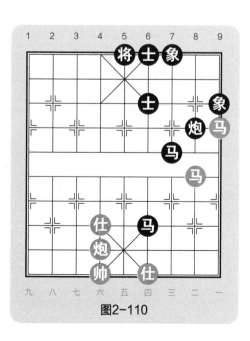

图2-110

黑胜），象9进7，马四进五，炮7平5，红方困毙。

④……　　　　马5进3　　　⑤帅六退一　马3进2

⑥帅六进一　炮4平1（绝杀）

例局 3

如图2-111，红方先行。

①车五平四　士5进6

黑方如将6进1，则马七退五，将6退1，兵二平三，将6退1，兵三进一，红方过河兵紧追不舍，步步紧逼叫将，为"马后炮"杀创造条件。接下来将6进1，马五进三，将6进1，马三进二，将6退1，炮一进四，至此形成马后炮杀，红胜。

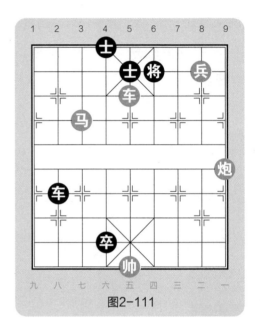

图2-111

②兵二平三　将6退1

③马七进六　士6退5

④兵三进一　将6进1

黑方如改走将6平5，则炮一进五杀。

⑤马六退五　将6进1　　　⑥马五退三　将6退1

⑦马三进二　将6进1　　　⑧炮一进三（红胜）

例局 4

如图2-112，红方先行。

①车五平四　将6退1　　　②马七进六　将6进1

③炮七退一（红胜）

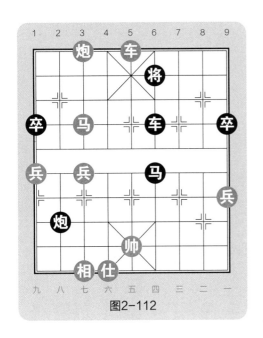
图2-112

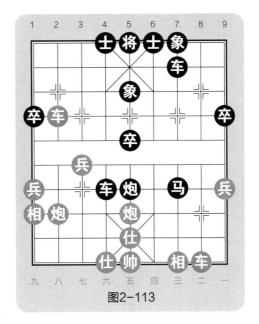
图2-113

例局 5

如图 2-113，黑方先行。

①……　　　车 7 平 4　　②帅五平四　前车进 3

③仕五退六　车 4 进 8　　④炮五退二　车 4 平 5！

⑤帅四平五　马 7 进 5（黑胜）

第 24 节　大胆穿心

　　用车或兵（卒）强行破掉对方中心士（仕），摧毁其防线，然后将死对方的杀法，称为"大胆穿心"。这种杀法速战速决，往往能直接置敌于死地。

例局 1

如图 2-114，黑方先行。

① ……　　　　车 4 平 5　　　② 帅五平六

红方如改走仕四进五，则车 7 进 2，黑胜。

② ……　　　　车 5 进 1　　　③ 帅六进一　车 7 进 1

④ 仕四进五　车 7 平 5（黑胜）

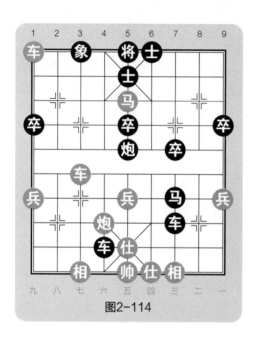

图2-114

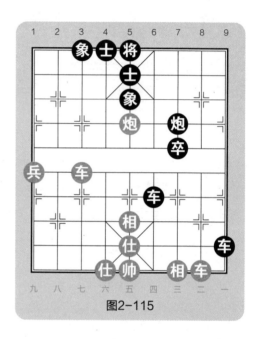

图2-115

例局 2

如图 2-115，红方先行。

① 车二进九　车 6 退 6　　　② 车二退一

红方顿挫运车，是取胜的关键着法。

② ……　　　　象 3 进 1　　　③ 车七平八　象 1 退 3

④ 车八进五　车 6 进 3　　　⑤ 车二平五　将 5 平 6

⑥ 车五进一　将 6 进 1　　　⑦ 车八退一　士 4 进 5

⑧车八平五　将6进1　　　⑨前车平四（红胜）

例局 3

如图 2-116，黑方先行。

①……　　　卒4平5

黑方用卒吃中仕，摧毁对方防线，俗称"小刀剜心"。

②马三退五　车4进5　　　③帅四进一　车4平6（黑胜）

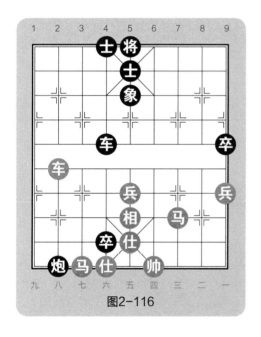

图2-116

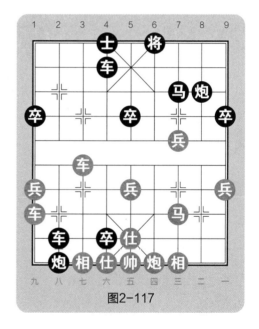

图2-117

例局 4

如图 2-117，黑方先行。

①……　　　炮8进7

黑方弃炮引离红方防守的炮或马中的任意一子，接下来卒4平5，
"小刀剜心"而胜。

例局 5

如图 2-118，黑方先行。

① ……　　　　车 8 平 5

黑方弃车吃中仕，摧毁对方的防卫力量，着法凶狠！

② 帅五进一　马 5 进 7

③ 帅五退一

红方如帅五平六，则车 7 平 4。又如帅五平四，则车 7 平 6，黑方均可成杀。

③ ……　　　　车 7 平 6

④ 帅五平六　车 6 进 3

⑤ 帅六进一　车 6 平 4（黑胜）

黑方大胆穿心破防，钓鱼马控位成杀。

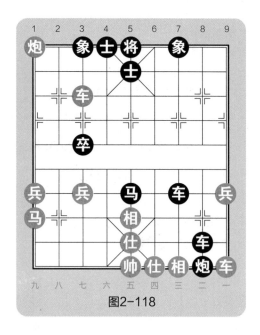

图2-118

第25节　三子归边

棋盘上 3 个进攻性的棋子集中于对方的同一侧发起进攻，从而将死对方的杀法，称为三子归边杀法。

三子归边因为兵力都集中在一侧进攻，进攻手段更加丰富，很容易形成连续的攻势，让对手疲于应付。比较常见的是车马炮、车双炮、车炮兵（卒）、双车炮等多种子力组合。

例局1

如图 2-119，红方先行。

①兵七进一　士 5 退 4　　②车九平六（绝杀）

红方下底兵将军，再平车卡肋，车炮兵三子归边入局。下一步兵七平六双将杀，黑方无法解救。

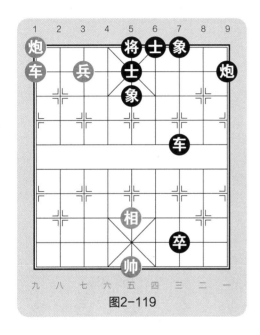

图2-119

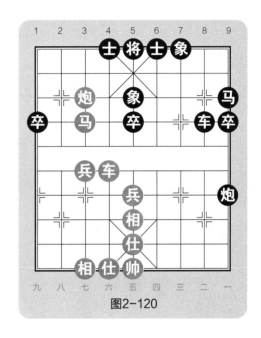

图2-120

例局2

如图 2-120，红方先行。

①车六进四

红方进车塞住象眼，画龙点睛之笔，已成绝杀之势。

①……　　　　车 8 进 6　　②仕五退四　炮 9 进 3

③炮七进二　士 4 进 5　　　④马七进八（绝杀）

红车点穴，车马炮三子归边顺利组杀。

例局 3

如图 2-121，红方先行。

①炮一进三　士6进5　　②车二进一　士5退6

③车二退八

红方退车至本方下二路，为中炮侧移进攻让开通道，取胜的关键着法。

③……　　　士6进5　　④炮五平二　将5平6

⑤车二平四　士5进6　　⑥车四进六　将6平5

⑦车四进一（绝杀）

红方巧妙调运子力，车双炮集中在黑方侧翼，构成三子归边杀法入局。

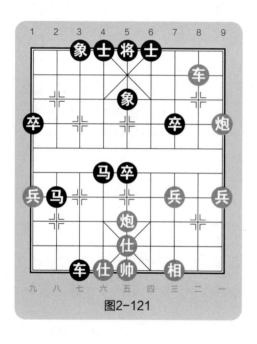

图2-121

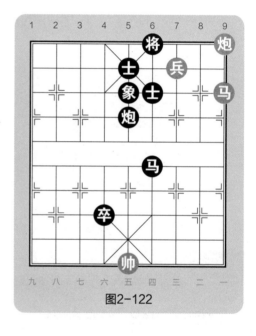

图2-122

例局 4

如图 2-122，红方先行。

①兵三平四

红方献兵将军正确。如改走马一进二，则象5退7，马二退三，象

7 进 9，红方无杀。

① ……　　　 将 6 平 5

黑将平中是必走之着，如走将 6 进 1，则马一进二杀。

② 马一进二　士 5 退 6　　　③ 马二退三　士 6 进 5

④ 兵四进一（红胜）

红方马炮兵组杀，三子归边取胜。

例局 5

如图 2-123，红方先行。

① 马七进八　将 4 平 5

② 马八退六　将 5 平 4

③ 马六进七　将 4 进 1

④ 马七退八　将 4 退 1

⑤ 炮五平七（绝杀）

红马照将腾挪走位，三子归边成杀。

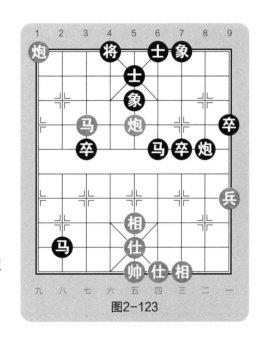

图2-123

第 26 节　闷杀

运用战术手段把对方帅（将）闷在九宫里无路可走，然后将死对方的杀法称为闷杀。闷宫杀法属于闷杀类中的一种，闷宫是用炮，闷杀则是任意进攻兵种均可运用。

例局1

如图2-124，黑方先行。

① ……　　　　车7平4

黑方献车妙杀，如误走车7平6，则马七退五，炮5进2，车六进三，将6退1，马五进三，将6退1，马三进二，将6进1，车六平四，车6退6，马二退四，将6进1，相七进九，和棋。

②车六退三　卒3进1（黑胜）

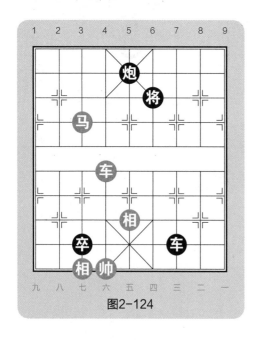

图2-124

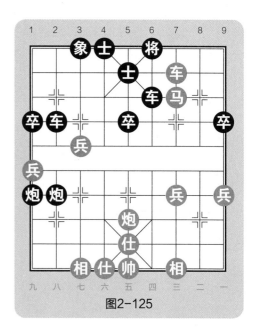

图2-125

例局2

如图2-125，红方先行。

①车三进一　将6进1　　②车三平四　士5退6

③马三进二（红胜）

例局 3

如图 2-126，黑方先行。

① ……　　　　车 1 平 5　　② 仕六进五　车 6 平 5

③ 帅五平六　马 4 进 3　　④ 车八平七　车 5 进 1

⑤ 帅六进一　炮 5 平 4（黑胜）

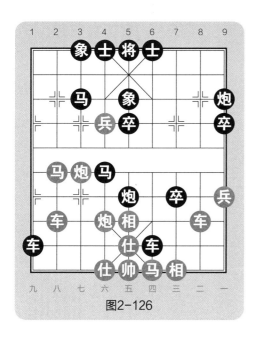

图2-126

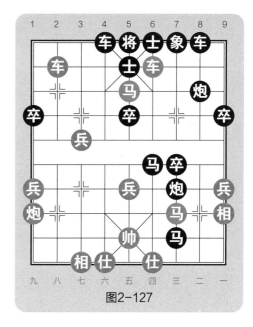

图2-127

例局 4

如图 2-127，红方先行。

① 马五进七　车 4 进 1　　② 车八进一　士 5 退 4

③ 车八平六　将 5 平 4　　④ 车四进一（红胜）

例局 5

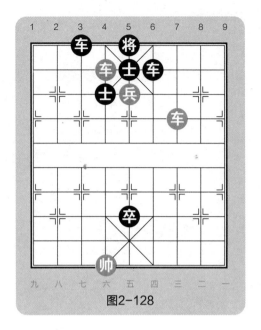

图2-128

如图 2-128，红方先行。

① 兵五进一　士 4 退 5

② 车六平五

红车砍中士，极妙！

②……　　　　将 5 进 1

黑方如车 6 平 5 吃车，则车三进三闷杀。

③ 车三平五（红胜）

联合杀法

在杀法实施的过程中，各兵种的相互配合，基本杀法的战术叠加，以及各种战术技巧的灵活运用，构成了精彩纷呈、引人入胜的妙杀棋局。

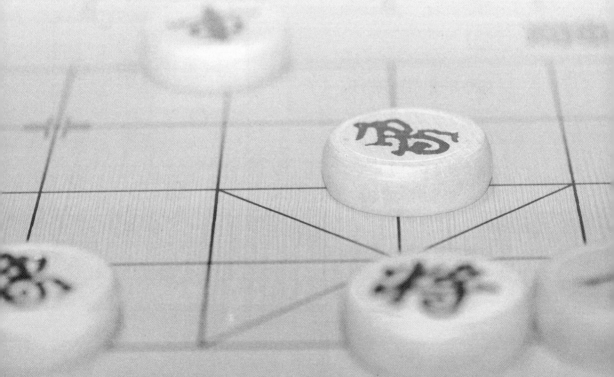

第1局

如图 3-1，黑方先行。

① …… 　　　卒 3 平 4

②帅五平四　马 3 进 5

③马八退六

红方另如仕四退五，则后卒平5，绝杀。又如帅四进一，则马5退6，仕四退五，马6进8，帅四进一，马8进7，帅四退一，后卒平5，帅四退一，卒4平5，黑胜。

③ …… 　　　马 5 退 7

④帅四进一　马 7 进 8

⑤帅四退一　卒 4 平 5（黑胜）

黑马搏仕，巧妙成杀。

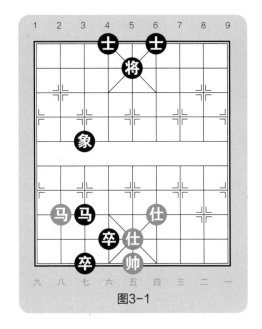

图3-1

第2局

如图 3-2，红方先行。

①兵四进一　马 8 进 6

②炮四平六　马 6 退 4

③仕六退五　马 4 进 5

④兵七平六　马 5 进 4

⑤兵六进一

红方底兵制将，巧杀对手。

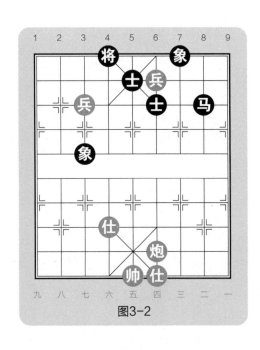

图3-2

第3局

如图3-3，红方先行。

① 兵四进一

红方弃兵妙手！

① ……　　　士5退6　　② 炮一进三　士6进5

③ 马三进四　车7退6　　④ 马四退五　士5退6

黑方如车7平9吃炮或进车，红方马五进七卧槽马杀。

⑤ 马五进三　将5进1　　⑥ 炮一退一（红胜）

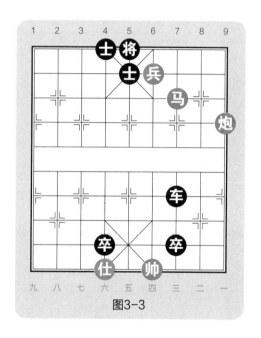

图3-3

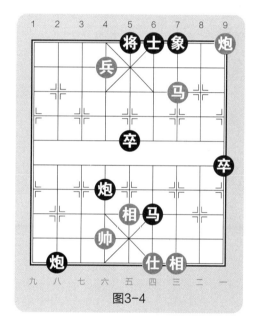

图3-4

第4局

如图3-4，红方先行。

① 兵六平五　将5平4　　② 马三退五　炮4退3

黑方如炮2退8，则兵五平六，将4平5，马五退三，下一着再马三进四，红胜。

③兵五平六　将4平5　　④马五退三　炮4平7

⑤马三进五

红马借叫杀引离黑方肋炮，立刻回马枪再进中马，准备"钓鱼马"做杀。黑方已经难以防守。

⑤……　　　炮2退8

⑥马五进七（绝杀）

第5局

如图3-5，红方先行。

①兵七进一　将4进1

②兵五平六（绝杀）

红方禁锢黑将，以下炮八退五再平六即可获胜。

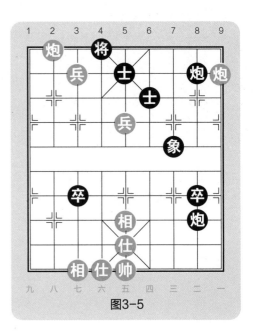

图3-5

第6局

如图3-6，红方先行。

①兵六进一　将4平5

②兵六平五

弃兵妙手！构成双马盘宫的精妙杀棋。

②……　　　将5进1

③马七退六　将5退1

④马六进七　将5退1

黑方无论将5平6或将5进1，红方均马八进六杀。

⑤马八退六　将5进1

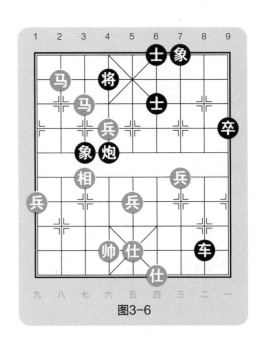

图3-6

⑥马六退五（绝杀）

黑将虽有三个位置可走，但红方接下来均可一步成杀。

第7局

如图3-7，红方先行。

①仕五进六

红方弃炮，高仕露帅伏有杀棋，着法绝妙！

①……　　炮7平4

黑方平炮肋道解杀，是唯一的走法。如改走车6进1，则马七退五，士5进4，马五进六，红方速胜。

②马七退五　士5退4

③马五退七　车6进1

④马七进六　士6退5

⑤马六退五　将6进1

⑥马五退三（红胜）

红方露帅助攻，马炮巧杀。

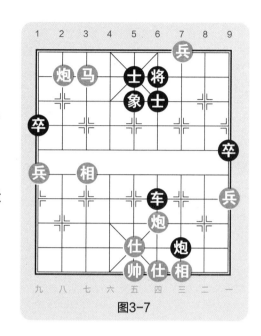

图3-7

第8局

如图3-8，红方先行。

①兵五进一

红方献兵催杀，拓宽马路，杀法精巧！

①……　　象3进5

②马六进四（绝杀）

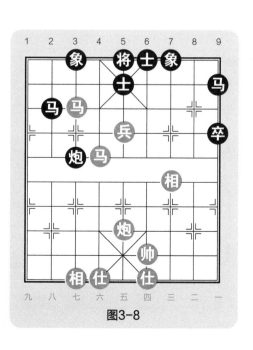

图3-8

红方卧槽马与挂角马双杀，黑方难以拆解。

第9局

如图3-9，黑方先行。

①……　　　　　马5进6

②帅四平五

红方如马三退四，则马6退7，帅四平五，马4进6，帅五平六，炮9平6，黑方胜定。

②……　　　　　炮9平5

③相五进七　　　马4进3

④帅五进一　　　马3进4

⑤帅五平六　　　炮5平4

黑方双马制将，已成绝杀之势。

⑥炮三平六　　　士5退6

⑦车二退四　　　马6退4（黑胜）

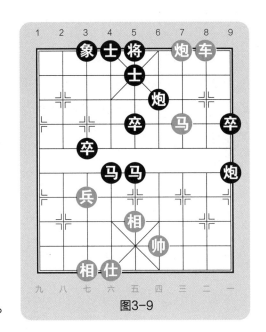

图3-9

第10局

如图3-10，红方先行。

①车八进六　　　将4进1

②兵七进一　　　士5进4

黑方如士5退6，则车八退一，将4退1，兵七进一，将4平5，兵七平六绝杀，红胜。

③车八退一　　　将4退1

④兵七平六　　　将4平5

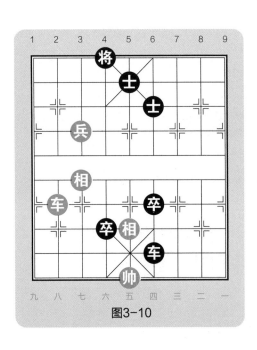

图3-10

⑤兵六平五　　将5平4　　⑥车八进一　　将4进1

⑦车八退二

红方顿挫运车走位，以后可借杀吃掉黑士，取胜的关键。

⑦……　　　　将4退1　　⑧兵五平六　　将4平5

⑨兵六进一　　将5平6　　⑩车八平四　　将6平5

⑪车四平七　　将5平6　　⑫兵六平五（绝杀）

红方车兵步步紧逼，破除对方双士获胜。

第11局

如图3-11，红方先行。

①马五进三　　士4进5

②车五进五　　将5平4

③车五进一　　将4进1

④马三退五　　将4进1

⑤马五进四　　将4退1

⑥车五平六（红胜）

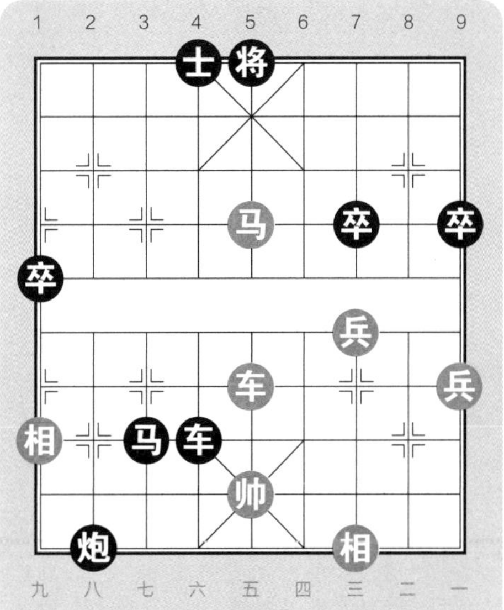

第12局

如图3-12，红方先行。

①马五进四

红方马入右侧士角，着法看似含蓄，实则一针见血，伏有兵四平五的杀棋，取胜的关键着法。

①……　　　　将5平4

黑方如象5进3，则兵四进一，将5平4，兵四平五，红胜。又如马2进4，则兵四平五，将5进1，车三退一，红胜。

②兵四平五　　象5退7　　③兵五进一

红方车马兵埋伏到位，一击成杀。

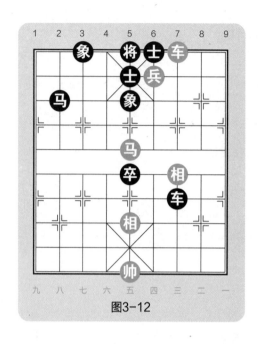

图3-12

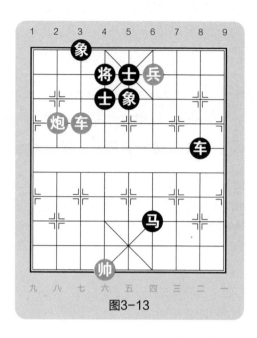

图3-13

第13局

如图 3-13，红方先行。

① 车七进二　将 4 退 1　　② 车七平六　将 4 平 5

红方献车巧手，黑方不能将 4 进 1，否则炮八平六，闷宫杀。

③ 炮八进三　象 3 进 1　　④ 兵四平五　士 4 退 5

⑤ 车六进一

红兵破士，冲破黑方防线，车炮双将杀。

第14局

如图 3-14，红方先行。

① 车二进五　将 6 进 1　　② 车二退一　将 6 退 1

③ 兵六进一

红兵进底线吃士，妙手！伏有炮五平四的杀着，确立胜局。

③……　　　　车7退8

黑车退守底线，另如车7退5，则炮五平四，士6退5（车7平6，兵六平五，红胜），兵六平五，将6平5，车二进一，红胜。

④炮五平四　　士6退5

⑤车二平五（绝杀）

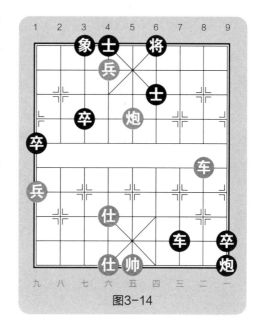

图3-14

第15局

如图3-15，红方先行。

①车二进三　　将6进1

②炮二进六　　士5进4

③炮二平四　　士6退5

④车二退四　　炮9进4

⑤炮四退一

红方腾挪运子，顿挫有序！车炮兵三子配合在肋道上形成威胁。

⑤……　　　　炮9平6

⑥炮四平七

红方直线进攻受阻，"虚晃一枪"转向侧翼横线进攻，令对方防不胜防。

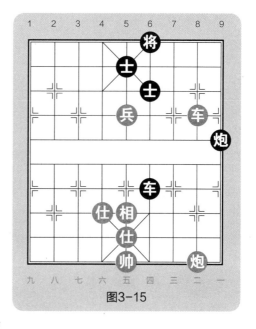

图3-15

⑥……　　　　炮6平9　　⑦炮七进三　　士5退4

⑧兵五进一　　炮9进1　　⑨仕五进四　　车6进1

⑩车二进三　　将6退1　　⑪兵五进一（绝杀，红胜）

红方中兵在对方有士的情况下，勇闯宫心（称为大胆兵），为炮充当炮架，然后用车将死对方，是车炮兵三子联合的典型杀法。

第16局

如图3-16，红方先行。

① 马六进五　象3进5

红方要车二进四杀棋，黑方如车6平5吃马，则车二平四，红胜。

② 马七退五

红方回马吃中象，双马盘宫已成绝杀。

②……　　炮9平4

黑方如走车6平5，则车二平四，将6平5，马五进三或进七，卧槽马杀。

③ 车二进四　将6进1

④ 前马退三　将6进1

⑤ 车二退二

红方献马叫杀，打开局面，双马盘旋，退车点杀。

第17局

如图3-17，红方先行。

① 车八进五　士5退4

② 车八平六　将5进1

黑方如将5平4，则炮八进七，红胜。

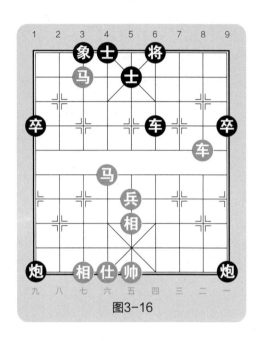

图3-16

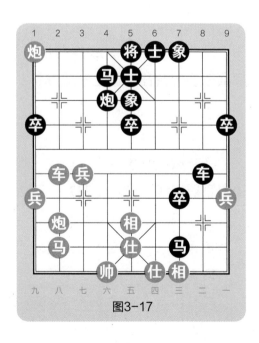

图3-17

③炮八进六　马4进2　　④炮九退一（红胜）

第18局

如图3-18，黑方先行。

①……　　　炮6进7

黑方炮打底仕叫杀，着法犀利！

②马四进三　将5进1

③炮六平八　炮6退1

黑方亦可马5退3，则炮八平
七，炮6平4！借助高钓马攻势
获胜。

④仕五进四　车3退1

⑤帅六进一　车3退1

⑥帅六退一　马5进6

⑦帅六平五　炮6平9

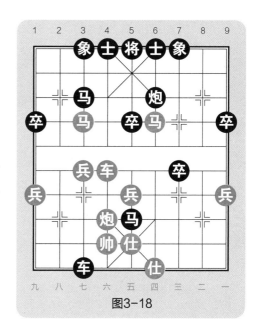

图3-18

黑方车马炮运用得当，解杀还杀。红方局面支离破碎，已难抵挡。

⑧炮八进三　车3平5

⑨帅五平四　马6退8（黑胜）

第19局

如图3-19，红方先行。

①车三退一　马4退6

②马四进六　马6退4

③兵四平五　士4进5

④车三平五　将5平4

⑤马六进八（红胜）

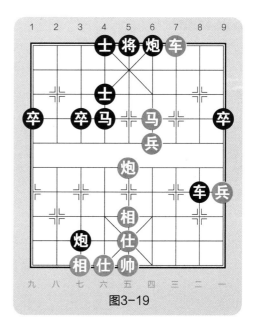

图3-19

第20局

如图3-20，黑方先行。

① …… 车8进6

② 帅五退一 车3平5

③ 仕四进五 车5进1

④ 帅五平四 车5平7

黑方平车捉相，重要的顿挫，是保持攻势的要着。

⑤ 相七进五 车7平4

⑥ 车八退六 车8平7

黑车瞄相，伏有弃车闷杀的手段，是取胜的关键突破点。

⑦ 相三进一 车7平8	⑧ 相五退三 车4平7
⑨ 帅四平五 车7进1	⑩ 车四退五 车7退1
⑪ 车四进七 车7平5	⑫ 帅五平四 车8进1（黑胜）

图3-20

第21局

如图3-21，红方先行。

① 车八平七 炮3平4

② 车七平五 炮4平3

③ 车五平七 炮3平4

④ 炮七平八 车5平2

⑤ 炮八平五 士5进4

⑥ 车七进二（绝杀）

红方通过连续顿挫，借杀破象是攻杀的要着。

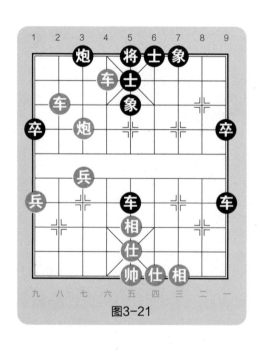

图3-21

如图 3-22，黑方先行。

①······　　　　车 7 平 6

②帅五平四　　车 8 进 7

③帅四进一　　马 6 进 7

④帅四平五　　卒 5 进 1

⑤帅五平六　　车 8 退 1

⑥仕六进五　　卒 5 进 1

⑦帅六退一　　车 8 进 1（黑胜）

黑方弃车破防，连将获胜。

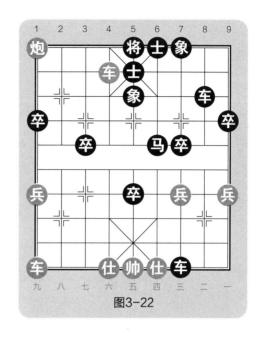

图3-22

如图 3-23，黑方先行。

①······　　　　马 9 进 8

②仕五退四　　马 8 退 6

③帅五进一

红方如仕四进五，则车 8 进 3，仕五退四，车 8 平 6，帅五进一（帅五平四，马 6 进 8，黑胜），炮 9 退 1，帅五进一，马 4 进 3，帅五平六，车 6 平 4，黑胜。

③······　　　　炮 9 退 1

④帅五退一　　马 6 退 4

⑤帅五进一　　车 8 进 2

⑥帅五进一　　后马进 3

⑦帅五平六　　车 8 平 4（黑胜）

黑方多子围攻，终以"高钓马"杀法取胜。

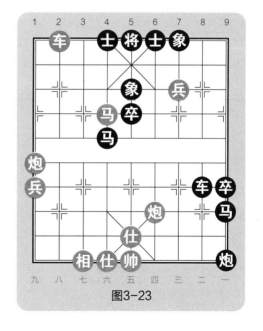

图3-23

第24局

如图3-24，红方先行。

① 马五进六　士5进4

② 炮三平五　象5退7

③ 炮四平五　将5平6

④ 车三进八　将6进1

⑤ 兵四进一　将6进1

⑥ 车三平四

红方弃马平中炮照将，闪露红车进攻是杀棋的要点。

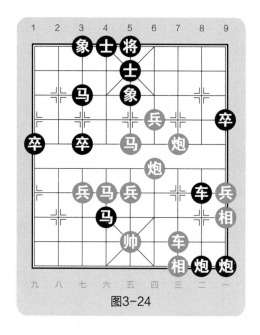

图3-24

第25局

如图3-25，红方先行。

① 前马进六　象5退3

黑方如将5平4，则车四进三杀。又如走将5进1，则车四进二杀。

② 车四平五　士6进5

③ 马六退五　象3进1

黑方如象3进5，则炮九进三杀。又如走士5退4，则马五进三，将5平6，车五平四杀。

④ 马五进三　将5平4

⑤ 马七进八　车3退3

⑥ 炮九平六（红胜）

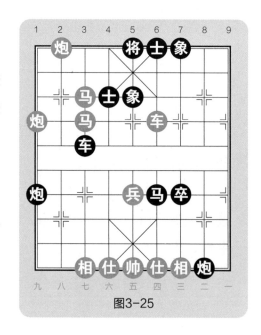

图3-25

第 26 局

如图 3-26，红方先行。

① 车六进一

红方弃车杀炮，把黑将引上宫顶做杀。

① ……　　　将 4 进 1

② 马四进六　车 4 退 1

③ 马六进四

红方走马定乾坤，车马冷着入局。

③ ……　　　将 4 平 5

黑方如将 4 退 1，则车四平六，士 5 进 4，车六进五，红胜。

④ 马四进三　将 5 平 4　　⑤ 车四平六（红胜）

红方连弃车炮，车马巧杀。

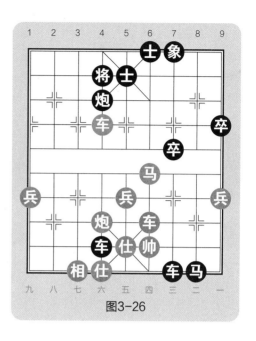

图3-26

第 27 局

如图 3-27，红方先行。

① 车四进九　士 5 退 6

② 车五进一　将 5 平 4

③ 车五进二　将 4 进 1

④ 马三退五　将 4 进 1

⑤ 马五进四　炮 5 退 3

⑥ 车五平六　将 4 平 5

⑦ 马四退三　将 5 平 6

⑧ 车六平四　炮 5 平 6

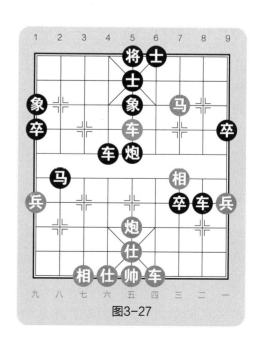

图3-27

⑨车四退一

红方弃车破防，最后以高钓马杀法获胜。

第28局

如图3-28，红方先行。

① 车八退五　　车4平2

② 车九平六　　炮5平4

③ 车六进七　　将4平5

④ 车六进一

红方一车换双炮，打开局面。此时红车锁住将门，是攻杀之要点，取胜的关键。

④……　　　　车2平9

⑤ 炮一平三　　车9退6

⑥ 帅五平六

红方出帅伏炮三平五的杀棋，黑方难以应对。

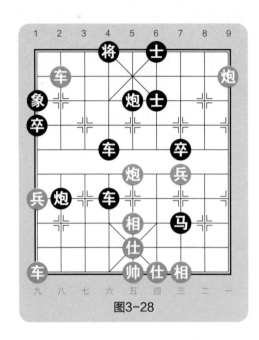

图3-28

第29局

如图3-29，红方先行。

① 车二退五

红方退车捉车精妙之着！及时转换杀法思路。乍看之下，红方车六平三就可成"双车错"杀势，但黑方可以车1进9，仕五退六，炮4平7解杀还杀（如车6进3杀仕

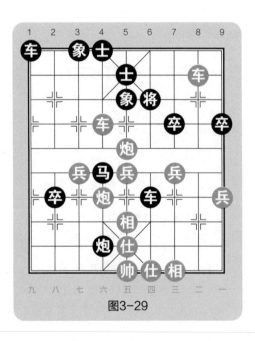

图3-29

将军，则帅五进一，黑方4路炮碍事，红胜），红方车三平二，黑方再车6进3，帅五进一，车1退1，黑胜。

①……　　　车1进9　　②仕五退六　车6进3

③帅五进一　炮4退1

黑方如象5退7，红方可车二进四，下一着再车六平三杀卒形成绝杀。

④车六平四　车6退6　　⑤炮六平四　车6平1

⑥炮五平四

红方多子力围攻黑方6路胁道，最终形成重炮杀。

第30局

如图3-30，黑方先行。

①……　　　车8平6

黑方强行弃车，精妙绝伦！

②炮六平四

红方吃车速败！如炮六退一，则车6平5，炮六平七，车5平4，黑方优势。

②……　　　马8进7

③炮四退一　炮7平8

黑方平炮叫杀，调动红车，是重要的顿挫。

④车四平二　炮2平6

待红车离开防守位置，黑方再弃一车，一击致命！

⑤车八进九　士5退4

红方虽多双车，仍无法解杀，只能认负。

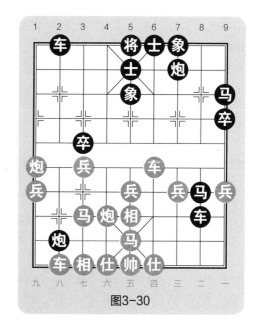

图3-30

第31局

如图3-31，红方先行。

① 车六平五　士4进5

② 炮八进七　象3进1

黑方如改走车2退6，则马四进六，将5平4，炮五平六，红胜。

③ 马四进六　将5平4

④ 炮五平六　车2平4

⑤ 马六进七（红胜）

红方"大刀剜心"破防，巧妙运子形成双将杀。

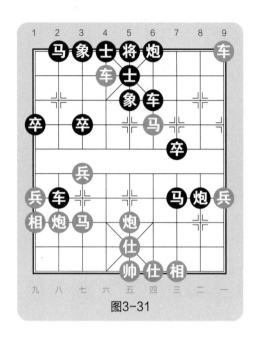

图3-31

第32局

如图3-32，黑方先行。

①……　　　　炮7平5

黑方炮击中兵献车弃马，可谓"平地一声雷"，红方顿感难以应付。

② 马三进五

红方进马后右翼底线露出破绽，门户洞开，也是迫不得已。如走它着，黑方有马6进7再车8进1的连杀手段。

②……　　　　车8进1

③ 仕五退四　马6进7

④ 帅五进一　车6进8

黑方再弃一马，双车闯九宫。

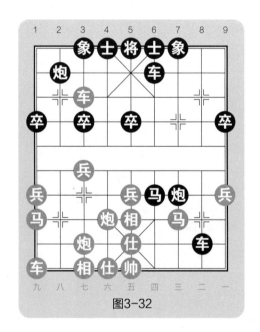

图3-32

⑤炮七平三　车6平5　　　⑥帅五平六　炮2平4

平肋炮连将杀，恰到好处！

⑦炮六进七　车5平4　　　⑧帅六平五　车8平5

⑨帅五平四　车5平6　　　⑩帅四平五　车4平5

⑪帅五平六　车6退1　　　⑫帅六进一　车5平4（黑胜）

第四章

实战杀法解析

在象棋比赛中，精妙的杀局总是令人激动不已和赏心悦目的。实战杀法都是在真实的对局中产生，所以比排局杀法更具有针对性和实用价值。

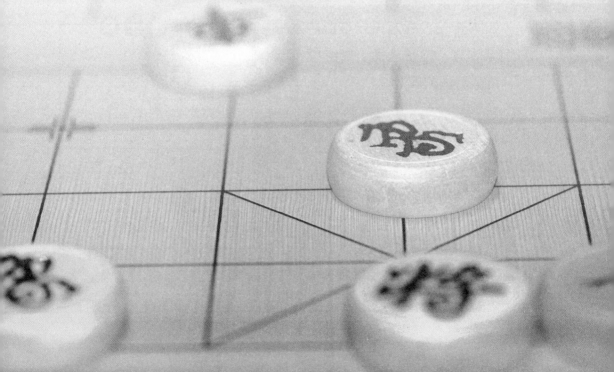

第1局

如图4-1，黑方先行。这是2006年"威凯房产杯"全国象棋排名赛李鸿嘉与汪洋弈成的残局局面。黑方残局占优，是否有机会取胜呢？

① …… 炮9进4

黑方进炮伏有一炮换双仕，双卒绝杀的手段。红方顿感难应。

② 仕五进四

红方如改走它着，黑方可炮9平5，仕四进五，卒6平5，下一步卒4进1绝杀，黑胜。

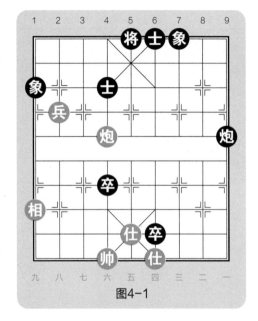

图4-1

| ② …… | 卒4进1 | ③ 仕四进五 | 炮9平5 |
| ④ 炮六平四 | 炮5退7 | ⑤ 炮四退四 | 炮5平4 |

如图4-2，红方见已难抵挡黑方炮卒攻势，投子认负。如继续行棋，试拟着法如下。

⑥ 炮四平五

红方如仕四退五，则卒4平5，黑方亦胜。

⑥ …… 卒4进1

⑦ 帅六平五 卒4进1

⑧ 帅五平四 炮4平6

⑨ 炮五平四 卒4平5（黑胜）

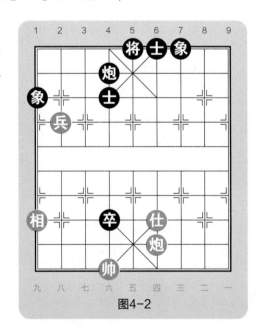

图4-2

第2局

如图4-3，红方先行。这是2009年"茅山·宝华山杯"全国象棋冠军邀请赛中，于幼华对吕钦弈成的局面。红方进攻子力仅有车兵，而黑方有车马卒，子力对比，黑方明显占优。实战中，红方抓住黑方子力位置欠佳的弱点，车兵步步紧逼，做成绝杀。

① 兵五进一　将5平6　　② 兵五平四　将6平5

③ 仕四退五

红方退仕露帅助攻，如虎添翼。

③ ……　　　士4退5　　④ 车三退三　士5进6

黑方如车9进3，则车三平五，将5平4，车五平六，将4平5，车六进一！伏杀抽车，红方胜定。

⑤ 车三平五　将5平4　　⑥ 车五平六　将4平5

⑦ 车六进三

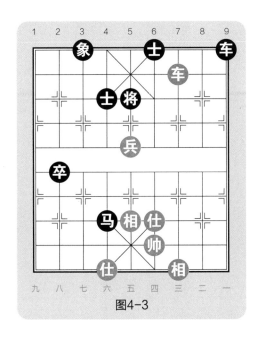

图4-3

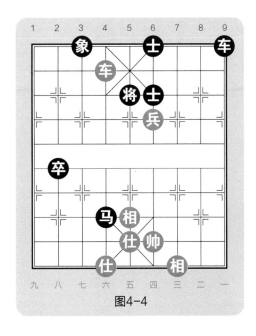

图4-4

如图4-4，红车下二路禁控黑将，伏兵四平五以及兵四进一的双重杀着，黑方难以解救，主动认负。

第 3 局

如图 4-5，红方先行。这是 2015 年全国象棋甲级联赛中，柳大华对金波弈成的局面。红方兵种齐全，占有优势。但此时红方车位较低并且受到牵制，如何开展攻势呢？

①兵六进一　　马 6 退 5　　　②车四进七　　将 4 退 1

③车四进一　　将 4 进 1　　　④车四平五

红方大胆弃炮，明车攻杀，思路清晰。此时"篡位车"制将，确立胜局。

④……　　　　车 1 平 3　　　⑤车五退四　　马 7 退 6

黑方如车 3 退 6，兵六进一，将 4 进 1，相五进七绝杀。

⑥兵六进一　　将 4 退 1　　　⑦车五进三　　车 3 退 6

⑧相五退三

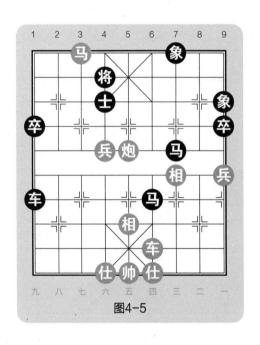

图4-5

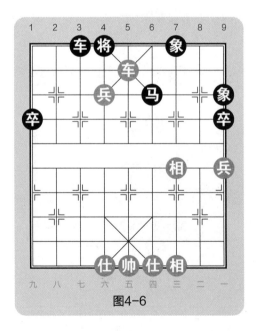

图4-6

如图 4-6，红方以下有兵六进一，马 6 退 4，车五进一的杀棋。黑方无解，主动认负。

如图4-7，黑方先行。这是2013年"锦龙杯"象棋个人公开赛中，赵子雨对刘宗泽弈成的局面。红方卧槽马，车炮将门联攻，已形成较强的攻势。而黑方只有车炮在外，似已难抗衡。实战中，黑方抓住对方帅位较高的弱点，起死回生，精彩入局。

① ……　　　 车3平4　　　②帅六平五　车4平5

③帅五平六　炮3退8

黑方顿挫腾挪，退炮反戈一击！

④车四平七　将6平5

黑将进中路，算准可以弃炮妙杀！

⑤车七进二　象5进3　　　⑥炮四平六　车5平3

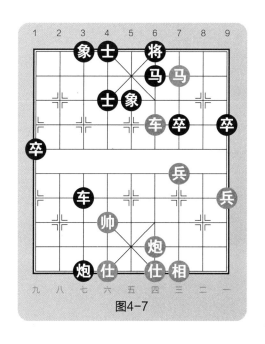

图4-7

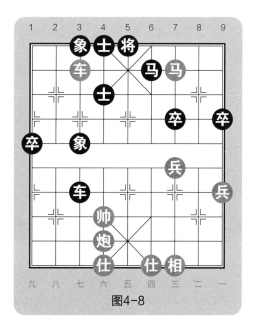

图4-8

如图4-8，红方虽守住对方"白脸将"的杀法，但黑方平车侧攻，伏有车3进1的闷杀，红方肋炮又不能离开。黑方两种杀法必有一成，红方认负。

如图4-9，红方先行。这是2022年粤港澳大湾区象棋邀请赛中，洪智与许国义弈成的残局形势。红方车马炮对黑方车双炮，红方净多双相，稳占优势。黑方卒林车占据防守要津，红方该如何组织攻势呢？

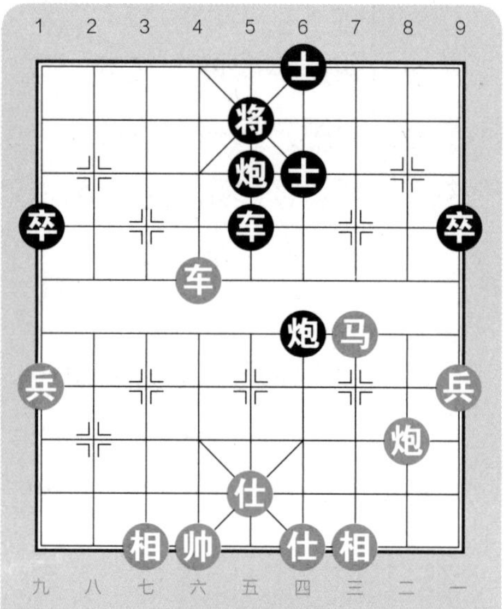

①炮二平四

红方平肋炮明为攻士，实则另有深意。

①……   炮6平2

②炮四进四

"明修栈道，暗度陈仓"，红方进炮阻车，掩护红马杀入，局面豁然明朗，黑方已难抵挡。

②……   炮2退2   ③车六进三   将5退1

④马三进二（绝杀，红胜）

图4-9

如图4-10，红方先行。这是2021年"仙人指路杯"全国象棋大师邀请赛中，孟辰对许国义弈成的局面。红方充分发挥兵种齐全的优势，侧翼三子联攻入局。

①车六进二

红方进车塞象眼，伏有平炮侧攻，展开攻势的要着。

①……   象5进3   ②车六退五   前马进7

③帅五平六   象3退1   ④炮四平八   马7退9

⑤炮八进三   象1退3   ⑥马七进九

红方组成底线攻势，进边马捉象，找到突破口。

⑥……　　　　　象7进5　　　⑦车六进五　　将5平6

⑧马九进七　　将6进1　　　⑨马七退六

红方逼出黑将后，退马士角，准备马六进八再马八进六吃士破防，是攻杀的要着。

⑨……　　　　　车7退3　　　⑩马六进八　　马6进5

⑪马八进六　　将6进1　　　⑫炮八退二　　马5退4

⑬车六平五

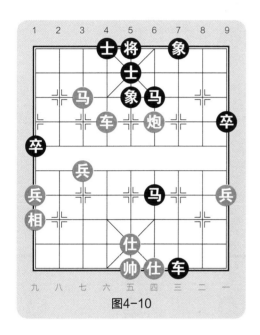

图4-10

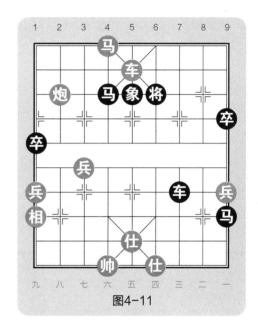

图4-11

如图4-11，以下黑方如车7平4，则仕五进六，黑方车马无杀。而红方八角马定将，已成绝杀之势，红方胜定。

第7局

如图4-12，红方先行。这是早年常熟五城市邀请赛中，李义庭与何顺安弈成的形势。双方均为车马炮，红方子力靠前，更为积极主动。

且看红方如何巧妙运子取势入局。

① 炮六平二

红方平炮侧击，找准黑方左翼缺象的弱点。

①…… 车2进9	② 帅六进一 将5平4
③ 炮二进七 将4进1	④ 车三退三

红方退车捉炮腾挪车路，着法紧凑有力！

④…… 炮1平2

黑方如卒5进1，则车三平九，马5进4，车九平六，红方得子胜定。

| ⑤ 车三平六 炮2退5 | ⑥ 炮二退一 |

红方退炮照将，极佳的进攻步骤，黑方顿感难以应付。

| ⑥…… 士5进4 | ⑦ 马六进四 将4退1 |
| ⑧ 车六进五 将4平5 | ⑨ 车六进二 |

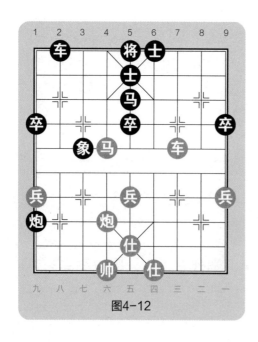

图4-12

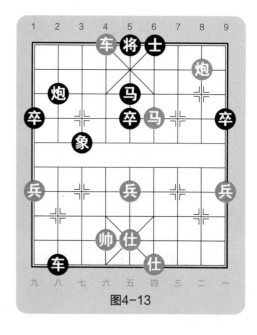

图4-13

如图4-13，红方弃车，马炮妙杀！亦可走马四进三，则马5退7，车六进二，红方亦胜。

⑨…… 马5退4　　⑩ 马四进三（红胜）

第8局

如图4-14，红方先行。这是2004年南北象棋对抗赛中，吕钦对陶汉明弈成的局面，双方子力相同，红方利用先行之利，抢先发动进攻。

① 马八进六

红方进马巧兑，黑方顿感难以应付。

① ……　　　　车5平4

无奈！黑方如马5进4，则车八平六，将4平5，车六退三！炮3平2，帅五平六，形成铁门栓杀势，黑方只能以车换炮，红方胜定。

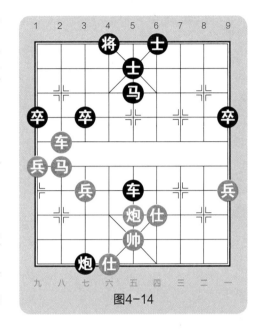

图4-14

② 车八进四　将4进1　　③ 车八退一　马5退3

黑方如将4退1，则马六进七，马5退3（如将4平5，则车八进一杀），车八进一，将4进1，马七退五，将4进1，车八退二，红胜。

④ 炮五平六

红方弃炮攻不忘守，目的是接下来跳开红马时，黑方无杀着。

④ ……　　　　车4进1

⑤ 车八平七　将4退1

⑥ 马六进七

如图4-15，黑方主动认负。以下如走车4退5，则车七进一，将4进1，车七平六，士5退4，马七进八，红方弃车妙杀。

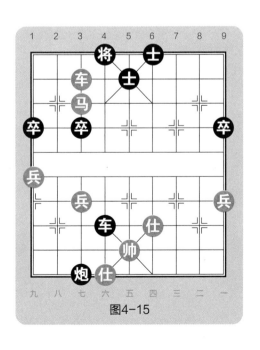

图4-15

第9局

如图4-16，红方先行。这是全国个人赛中，陶汉明与蒋全胜弈至中局的形势。局面看似平稳，此时黑车正捉红炮，红方未予理睬，突然架上中炮，掀起风云。

① 炮九平五

红方镇中炮以"铁门栓"之势攻杀，算度深远！

① ……　　　　马1进3

黑方进马无奈，如改走车3平5，则马四进五，黑方难应。又如走车3进3，则马四进五，象3进5，帅五平四绝杀。再如改走车3退1，则炮七进七，车3退3，马四进五，红胜。

② 帅五平四　马3进5　　③ 车四退二　炮4进4

④ 车四进三　炮4平5　　⑤ 马四进五（绝杀）

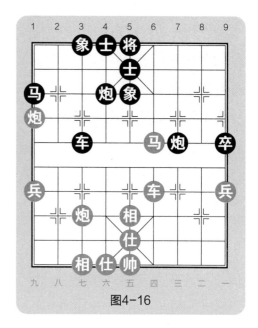

图4-16

第10局

如图4-17，黑方先行。这是2013年全国象棋甲级联赛中，谢业枧与申鹏弈成的局面。黑方充分发挥中炮攻势的威力，子力配合做杀。

① ……　　　　炮8平5

黑方双炮中路重叠，俗称"雷公炮"，此时有马6进5的凶着，中路火力强大。

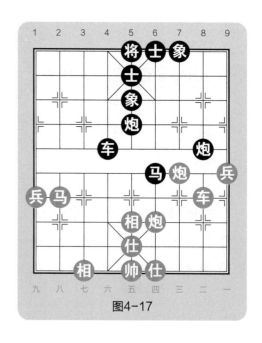

图4-17

②车二平四

红方如马八退六，则马6进4，炮四退一，马4进2，炮三退二，马2进3，炮四进一，马3退4，炮四平六，车4进1，帅五平六，后炮平4，黑方得子胜定。

②……　　　　　车4进4

③炮三退二　　马6进4

④马八退六　　马4进6

⑤车四退一　　将5平4

⑥相七进九　　士5进6

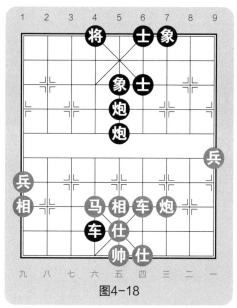

图4-18

如图4-18，黑方支高士精妙，入局干净利索！下一步可车4退1从容吃马并绝杀对手。红方主动认负。

第11局

如图4-19，黑方先行。这是2005年全国象棋排名赛中，曹岩磊与郭莉萍弈成的残局盘面。此时红炮正捉黑马，黑方巧妙构思弃双马，炮卒"铁门栓"杀棋，甚是精彩！在实战中难得一见。

①……　　　　　卒4进1

黑卒冲入九宫，看似护马兑子，实则"醉翁之意不在酒"，筹谋深远！

②炮七退四　　卒4进1

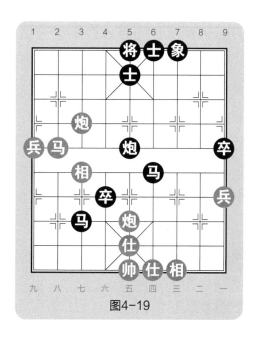

图4-19

黑卒不吃红炮，继续挺进，锁死红帅的出路。

③马八退六　马6进8

④马六退四　将5平4

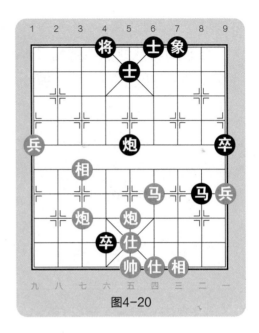

图4-20

红方运马回防，本来黑马无论卧槽或挂角均有子力防守。然而黑方从容地一步出将，顿令红方俯首称臣。如图4-20，红方以下只有炮七平六，马8进6，炮六平四，卒4进1，黑胜。

第12局

如图4-21，红方先行。这是象棋全国个人赛中，杨官璘对张增华弈成的局面，红方是"铁门栓"攻杀的棋形，而黑方有底炮守住将门，红方暂无法成杀。此时红方发现了另一条攻击线路，借炮运马，迅速取得胜利。

①后炮平八　炮1平2

红方平炮侧攻，伏有炮八进七的"进洞出洞"杀法。黑方如马7进5吃中炮，则炮八进七，士5退

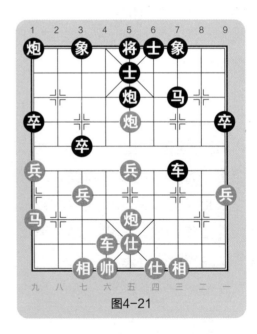

图4-21

4（象3进1，车六进八杀），车六进八，将5进1，车六退一，红胜。

②马九进八　炮2平1

红方的双炮黑方均不能吃，苦不堪言。

③马八进七　炮1平2

④马七进九

红方利用黑方的棋形弱点，借炮运马，红马连跳三步进入前方阵地。如图 4-22，红方下一步有马九进七卧槽马杀，黑方认输。

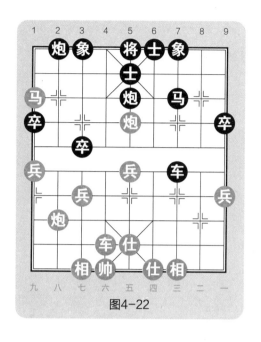

图4-22

第13局

如图 4-23，红方先行。这是 2001 年"五羊杯"全国象棋冠军邀请赛中，陶汉明与胡荣华弈成的局面。黑方 7 路炮叫闷宫杀，红方没有消极防守，而是敏锐地找到一路很隐蔽的杀法。

①炮一平五　士6进5

②帅五平六

红方炮镇当头，出帅解杀还杀，算度深远。

②……　　　炮7退4

③车二平三　炮7平6

红方平车伏有车三进三弃车砍炮，再车六进二的杀棋。黑方只有平一步肋炮。

④车三进二　车6进2

红方进车伏有车六进二弃车砍士，再车三平五的冷杀，黑方也只有吃炮。

⑤车六进一

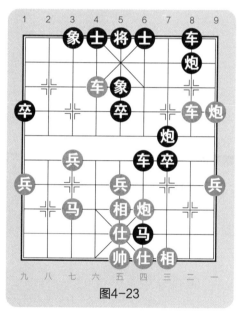

图4-23

红方六路车再点对方下二路绝妙！如图 4-24，红方以下有弃车杀中士的凶着，黑方难解，红胜。

本局红方妙手连发，三度弃车追杀，堪称杀法运用中的精品之作。

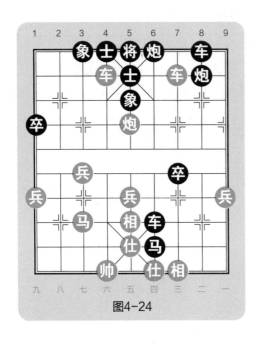

图4-24

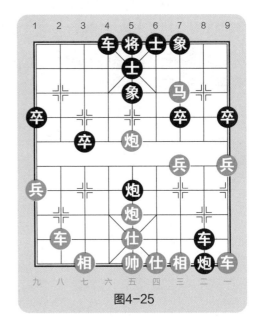

图4-25

第14局

如图 4-25，黑方先行。这是 2017 年宿少峰与笔者弈成的盘面。此时黑方少一大子，但以"天地炮"攻杀，大胆弃车，控盘获胜。

① ……　　　　车 8 平 5

黑方弃车杀中仕"大刀剜心"，着法凶狠！

② 车八平五　　车 4 进 3　　③ 马三退五　　炮 8 退 6

黑方退炮打马好棋，如改走车 4 平 5，则帅五平六。又如将 5 平 4，则前炮平六。再如炮 8 退 7，则前炮退一。以上三种变化，黑方均难以入局。

④ 前炮平六　　炮 8 平 5　　⑤ 炮六退五

红方退炮不明智，应走车一进三，则前炮进 2，仕四进五，车 4 进

1，车一平五，炮5平2，相七进九，红方虽然仍是劣势，但战线还长。

⑤……　　　　　车4进5　　　⑥车一进一

红方如车一进三，则前炮进2，仕四进五，车4平5，帅五平四，车5进1，帅四进一，车5平4，黑方胜势。

⑥……　　　　　卒3进1　　　⑦相七进九　　后炮平2

⑧相九退七　卒3平4

如图4-26，黑方下一步有炮2平4绝杀的手段，红方认负。

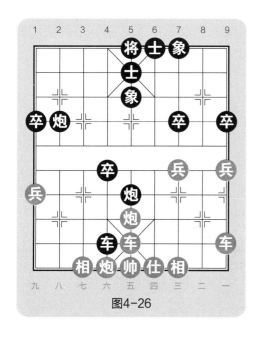

图4-26

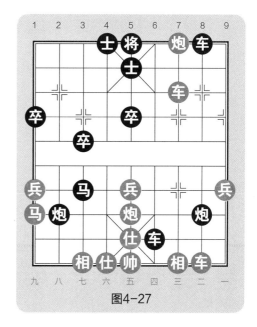

图4-27

第15局

如图4-27，红方先行。这是全国象棋个人赛中，陈启明对苗利明弈至中局的形势。双方子力犬牙交错，呈混战之势。此时红方胆大心细，设下陷阱，引君入瓮而胜。

①炮五进四　将5平6　　②车三退五

红方炮打中卒，再退车捉双，计划周密，对黑方抽车的手段，早以明察秋毫。

②……　　　炮2平5　　③相七进五　炮8平5

黑方抽车中计，应走马3进1，则车三平四，车6退1，仕五进四，黑方劣势，但不致速败。

④炮五退四　马3进1　　⑤炮五平八

红方平炮防中有攻，极妙！

⑤……　　　车8进9　　⑥车三进六

黑方认负。红车进下二路制将，车双炮冷杀，足见前面筹谋之深远。如图4-28，黑方以下如走士5进4，则炮三平六，将4平5，炮六平九，红胜。

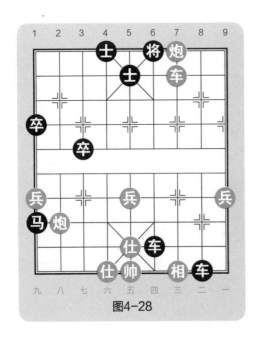

图4-28

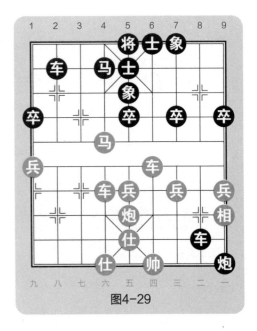

图4-29

第16局

如图4-29，红方先行。这是2017年"玉环杯"全国象棋精英赛中，洪智对蒋川弈至中局的盘面，红方缺相且帅位不安，局面似乎不容乐观。此时红方却找到了一条取胜的道路。

①马六进七

红方大子占据要津，进马"钓鱼"位，虎视眈眈，接下来有炮五进四打中卒，手段甚是厉害！

①……　　　　　车8进1　　②帅四进一　车8退1

③帅四退一　车8退8

黑方苦思良久，没有良方，退车底线防守。如车2平3，则车六进五！无论是黑方吃车还是吃马，红方均炮五进四"铁门栓"绝杀。

④炮五进四　象7进9

黑方只能飞象，如马4进5，则车四进五（亦可车六进六，士5退4，车四进五杀），士5退6，车六进六"钓鱼马"杀，红胜。

⑤车四平六

红方双车夺马，力取黑方"生命线"，由此锁定胜局。

⑤……　　　　　车8进9

⑥帅四进一　炮9平4

⑦仕五退六

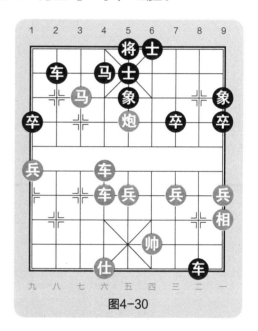

图4-30

如图4-30，黑炮打仕孤注一掷，然而红方剩余一仕力阻黑方双车无法组杀。而黑方无法化解红方前车进四吃马后的杀棋，主动认负。

第17局

如图4-31，红方先行。这是象棋邀请赛中，李来群与蒋志梁弈成的形势。双方对攻之时，红方犀利的攻杀以及精妙的着法，令人拍案叫绝。

①车四平五

红车中路捉卒，准备清除障碍，借助帅力进攻。筹谋深远，好棋！

①……　　　　前车平4　　②车九平八

红方弃车吃炮，先消除对方的威胁，再全力猛攻。

②……　　　　车2进7　　③车五退三　车2退8

④车五平四　象3进5　　⑤兵六平五

红方车马炮兵如狼似虎，攻势猛烈，黑方难以招架。

⑤……　　　　车4平8　　⑥兵五进一　车2平5

⑦相七进五

红方马不吃车，飞相应将，弃炮伏杀，着法妙极！

⑦……　　　　车8退8　　⑧车四平八

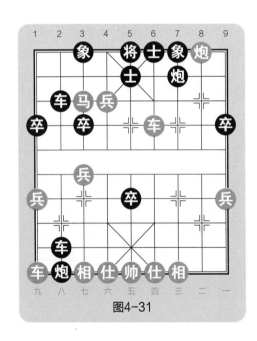

图4-31

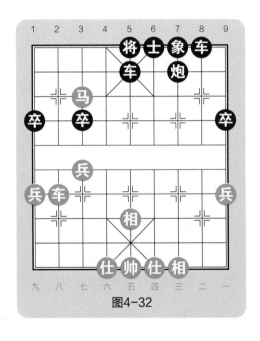

图4-32

如图4-32，红车侧攻，钓鱼马绝杀。黑方净多一车也无法解围。

⑧……　　　　车5进6　　⑨相三进五　炮7平5

⑩仕六进五（绝杀，红胜）

如图4-33，黑方先行。这是2014年全国象棋甲级联赛中，许国义与刘子健弈成的局面。黑方以左马为诱饵，展开弃子攻杀。

① ……　　　　马2进1　　②马八进六　马1进2

③马六进四　炮8平6　　④马四退二　马2进3

红方得子失势，左翼受到严重威胁。

⑤炮六平七　车2进7　　⑥炮七进四

红方如车四平七，则炮6进2，伏有炮6平1的手段，黑方胜势。

⑥ ……　　　　车2平5　　⑦马三退四　炮6进7

⑧帅五平四　马3退4

黑马入仕角做杀，双车马均杀入对方九宫，红方难以抵挡。

⑨炮七平六　车4平5

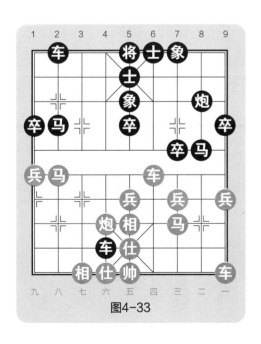

图4-33

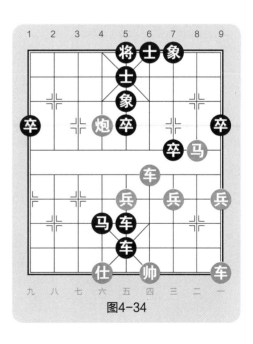

图4-34

如图4-34，至此红方认负。红方以下如仕六进五，则车5进1，八角马绝杀，黑胜。

第19局

如图4-35，红方先行。这是2001年BGN世界象棋挑战赛中，赵国荣对尚威弈至中局的形势。双方各自的六个大子俱在，红方抓住黑方子力前后脱节的弱点，筹谋弃子攻杀，终以八角马的杀法取胜。

① 炮四进七

红方弃炮打士，突发冷箭。摧毁对方防御，着法凶狠！

① ……　　　　士5退6

② 炮五进三　　士6进5

③ 车八平二

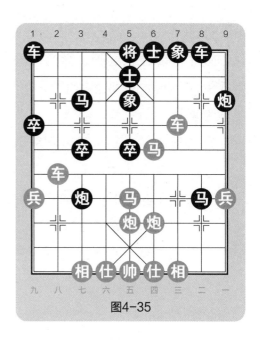

图4-35

红方趁势欺车，争先夺势。

③ ……　　马8进6　　④ 马五退四　车8平9

⑤ 前马进二　将5平4

红马窥槽，黑方防不胜防。如炮9平8，则车三进三，车9平7，马二进四，将5平6（将5平4，则车二平六），炮五平四，红胜。

⑥ 车三平六　士5进4

⑦ 马二进四　象5退3

⑧ 车二进四

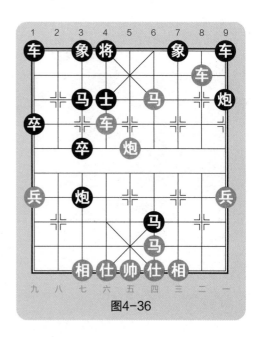

图4-36

红方步步紧逼，着法紧凑，至此黑方认负。如图4-36，黑方以下如续走车1进1，则车二平九，马3退1，炮五平六，绝杀，红胜。

第20局

如图4-37，红方先行。这是"林河杯"象棋名人赛中，赵国荣对吕钦弈成的局面。混战中红方该怎样进攻呢？

① 炮八平六　　士4进5

② 马八进七　　炮4进5

③ 后车平七

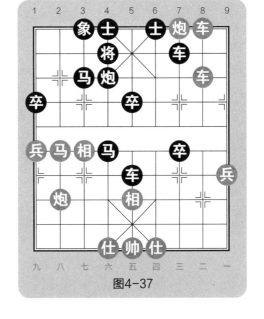

图4-37

红方先献炮，再进马。红车穿破黑方壁垒左移，令黑将暴露在自己的攻击范围之内，是破防的精妙手段。

③……　　　　马4退3

④ 车七进一　　将4进1　　⑤ 车七退二　　车5平4

⑥ 车七进一　　将4退1　　⑦ 车七进一　　将4进1

⑧ 车二退二　　象3进5

⑨ 车七退一　　将4退1

⑩ 车二平五　　炮4平3

⑪ 相七退九　　车4进3

⑫ 帅五进一　　车7退1

⑬ 车七进一　　将4退1

⑭ 车七进一　　将4进1

⑮ 车五平九

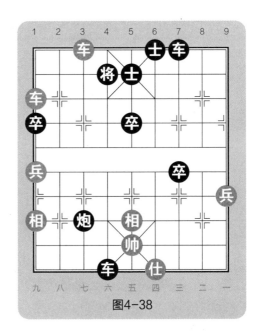

图4-38

如图4-38，红方巧运双车，顿挫腾挪，已形成典型的"双车错"绝杀局面。黑方认负。

第21局

如图4-39，红方先行。这是全国象棋个人赛中，王斌与张申宏的实战中局。双方混战中，红方突发妙手，巧运双车成杀。

① 马六进四　士4进5

红方献马胁士，精妙！黑方如改走车6进1吃马，则车六进六，将5进1，车三平六，将5平6（如象5退7，则后车进二，将5进1，前车平五，士6进5，车六退一杀），后车进二，士6进5，前车平五绝杀。

② 车三平七

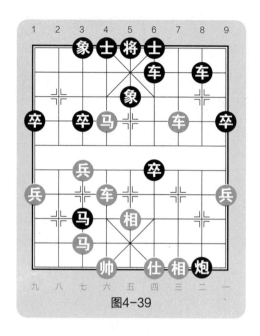

图4-39

红方右车左移，双车做杀。如误走马四进二贪吃黑车，则卒6平5亮车，黑方反败为胜！

② ……　　　马3退2　　③ 车七进一　车8进2

黑方主动往红方马口送车，顽强作战。如车6进1，则车六进五塞象眼构成绝杀。

④ 马四退二　卒6平5

⑤ 马二进三

红方弃马引离黑车，待消除黑方的反击后，左翼再施展双车杀法，攻不忘守。

⑤ ……　　　车6平7

⑥ 车六进五

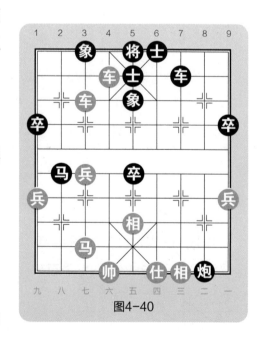

图4-40

如图4-40，红方双车借帅力

形成绝杀，红胜。

第22局

如图4-41，黑方先行。这是2009年全国象棋个人赛中，童本平对谢业枧的实战中局。盘面上红方双车炮对黑方双车马，双方均全力进攻，此时到了生死搏杀的时刻，红方下一步车五平八即可形成绝杀。此时黑方果断弃马进攻，巧用双车入局，成功实施了一路十分隐蔽的杀法，令人拍案叫绝。

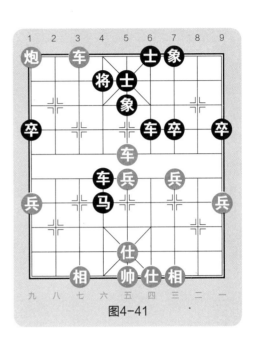

图4-41

① …… 马4进6

黑方强行弃马叫将，使红帅暴露出来，敲开胜利之门。

② 仕五进四 车4进4 ③ 帅五进一 车6进3

黑方进车冷着，暗伏杀棋。

④ 车七退七

红方只能退车防守，如车五平八，则车4退1！帅五退一，车6平5，相三进五，车5进1，仕四进五，车4进1，黑胜。再如帅五平四（相七进五，车6平7绝杀）车6平7，仕四退五，车4退3，车五平四，车7进2，帅四进一，车7退1，帅四退一，车4平8，以下红方车八退一，将4退1，车四平六，士5进4！车六进二，将4平5，红方无杀，黑方抢先一步入局。

④ …… 车4退1

至此，红方认负。如图4-42，以下帅五退一，车6平5。此时红方如车七平五，则车 5 平 3 绝杀，黑胜。又如相三进五，则车 4 进 1，帅五进一，车 5 平 7，相五退三，车 7 进 2，帅五进一，车 4 退 3，仕四退五，车 7 退 1，仕五进四，车 4 平 5，黑胜。

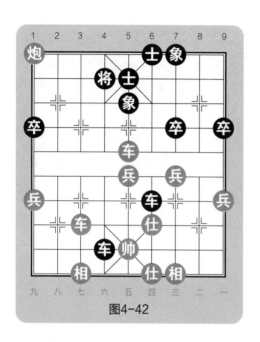

图4-42

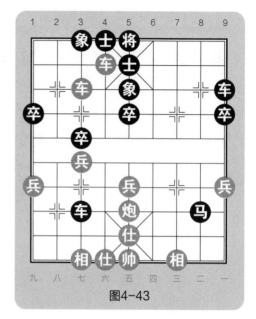

图4-43

第 23 局

如图 4-43，红方先行。这是 2009 年全国象棋个人赛中，唐丹对谢云弈成的局面。红方双车炮对黑方双车马，双方大子均有攻击力。红方利用先行之利，抢先发动攻势，一气呵成。

①炮五进四　　将 5 平 6

黑方避将解杀，如马 8 进 9，则车六平五，士 4 进 5，车七进二，红方大刀剜心胜。

②炮五进二

红方炮击中士，摧毁对方防卫，双车抢先做杀。

②……　　　　马 8 进 9　　③炮五平四

如图 4-44，红方平炮解杀还杀，奠定胜局。

③……　　　　士 4 进 5　　④炮四退七　车 9 平 7

⑤车七进二　将 6 进 1　　⑥仕五进四　车 7 平 6

⑦车七平五（绝杀，红胜）

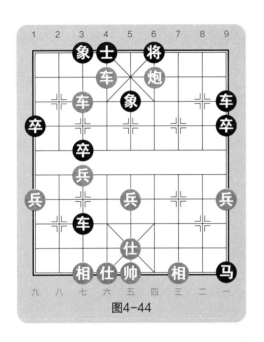

图4-44

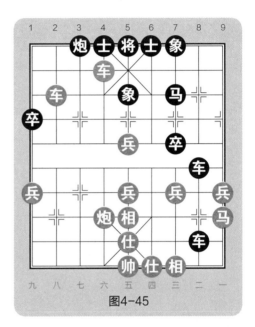

图4-45

第 24 局

如图 4-45，红方先行。这是全国象棋个人赛中，孙志伟与胡远茂弈成的局面。红方多兵且子力占位更好，已经明显占有优势，此时抓住黑方底线弱点，以炮攻士，双车威胁，迅速取得胜利。

①车八平六

红方平车顿挫，先逼黑方补士，细腻。红方如直接车八进二，黑方可后车退 4 兑车解围。

①……　　　　士 6 进 5　　②后车平七　炮 3 平 1

③车七平九　炮 1 平 3　　④车九进二　炮 3 进 7

⑤炮六进七

红方通过追击黑炮，子力部署到位，炮轰底士给对方致命一击。

⑤……　　　　将5平6

黑方如象7进9，则炮六平八，黑方也难以应付。

⑥车六平五

如图4-46，红方弃车砍士，入局漂亮！

⑥……　　　　象5退3　　　⑦车九平七　马7退5

⑧炮六退一（红胜）

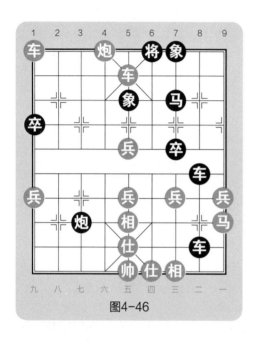

图4-46

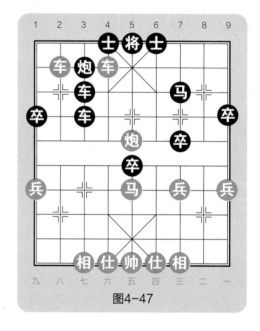

图4-47

第25局

如图4-47，红方先行。这是2007年全国象棋甲级联赛中，赵鑫鑫对张江弈至中局的盘面。红方有空头炮，如何突破对方的防守，展开攻势呢？

①车八退四

红方弃马退车捉卒，迅速打开胜利之门！

①……　　　卒5进1　　②车八平五

红方平车捉卒，重要的顿挫，为以后中炮的回撤铺平道路。

②……　　　卒5平6　　③车五平六

红方双车捉士，发动攻击，黑方防不胜防。

③……　　　前车进2　　④前车进一　将5进1

⑤后车进四　将5进1

⑥炮五退四　前车平6

⑦相七进五　卒6平5

⑧后车平三　士6进5

黑方如马7退5，则车三退二，黑方难应。

⑨车三退一　车6退3

⑩车六退六

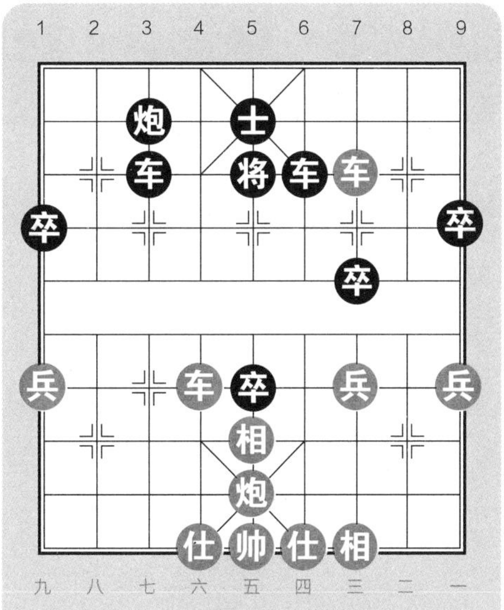

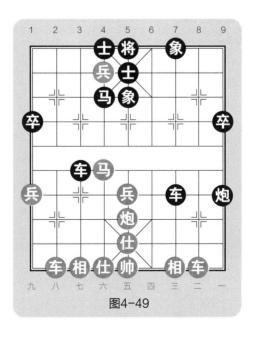

图4-48

妙！完美的致命一击！黑方认负。如图4-48，黑方以下如车6平7吃车，则车六平五，将5平4，车五平六，红胜。

第26局

如图4-49，红方先行。这是2020年全国象棋甲级联赛中，苗利明对汪洋弈成的局面。双方大子均处在线路通畅的位置，红方过河兵闯入九宫，担当攻击先锋，红方展开"三车闹仕"的进攻。

①车八进九

图4-49

红方弃马进车底线，找到突破口，好棋！

①……　　　炮9平5　　②相三进一　车3平4

黑方吃马速败，但如走车7退5，则车二进三，炮5退1，马六进五，红方亦手段多多。

③车二进八

红方进车下二路，伏有车二平五弃车杀中士的手段，是"三车闹士"攻杀之要点。

③……　　　将5平6

④兵六平五　象5退3

⑤车二平四

如图4-50，红方弃车妙杀，入局精彩！

⑤……　　　马4退6

⑥兵五进一（红胜）

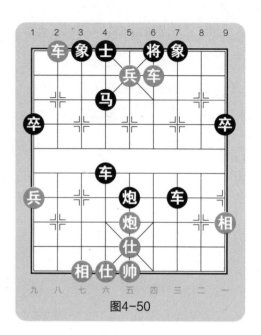

图4-50

第27局

如图4-51，黑方先行。这是全国象棋个人赛中，李义庭对杨官璘弈成的局面。黑方在混战局面下，几度献车攻杀，进攻着法异常精彩！

①……　　　车7退3

黑方献车腾挪马路，伏有挂角马杀，算度深远！

②车七进三

无奈！红方车马均不敢吃黑车。另如炮二平五，则车5进5吃中炮，黑方接下来同时有挂角马和卧槽马，红方两难兼顾，黑胜。

②……　　　将5进1　　③车七退一　将5退1

④相七进五　车5进5

黑方车吃中相催杀，置双车于对方虎口，红方均不能吃。

⑤前马退六　将5平4　　⑥车七平四

红车坚守肋道，进行顽强的防御。不能马四进五吃车，否则车7进6，仕五退四，马8进6，帅五进一，车7退1，黑胜。

⑥……　　车5平8

黑方顺势吃掉红炮，夺取物质力量。

⑦车四进一　将4进1　　⑧马六进四　将4平5

黑方再度弃车，平将控制中路。

⑧……　　前马退三　　⑨车8平6

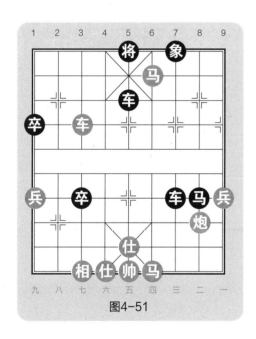

图4-51

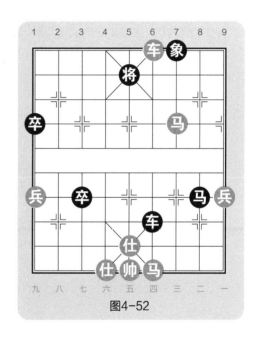

图4-52

黑方平肋车强杀，一锤定音。红方认负。如图4-52，红方以下如车四退七，则马8进6挂角闷杀，而红方如走它着，则马8进7杀。

第28局

如图4-53，红方先行。这是2016年崇武镇"靖江杯"象棋公开赛中，孟辰与何文哲弈成的形势。在看似平稳的局面下，红方进攻思路清晰，运子攻杀十分精彩！

① 车三平四　　炮6平7

② 车二平四　　士4进5

③ 马一进三

红方双车占肋，在扑出边马，进攻的思路非常明确。

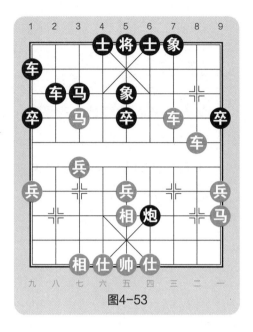

图4-53

③ ……　　　　车1平4

④ 马三进二　　车4进7

⑤ 仕四进五

红方补仕固防，为攻击做好准备。

⑤ ……　　　　车2进1　　⑥ 马二进三

红方"钓鱼马"到位，配合双车肋士，发起总攻。

⑥ ……　　　　将5平4　　⑦ 前车进三

弃车杀士，摧毁对方防守，入局精彩！

⑦ ……　　　　士5退6　　⑧ 车四进四　　将4进1

⑨ 车四退一　　将4退1　　⑩ 马七进五　　马3退5

⑪ 马三进五　　将4进1　　⑫ 后马进七

黑方认负。如图4-54，红方车双马攻势凌厉，此时红马捉车兼具车马抽杀，黑方已经无法应对。

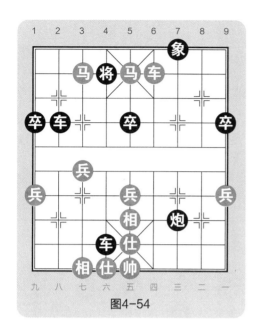

图4-54

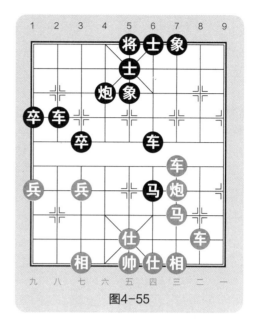

图4-55

第29局

如图 4-55，黑方先行。这是 2004 年"威凯房地产杯"全国象棋精英赛中，张江与徐超弈成的局面。黑方子力占位极佳，此时抓住红方左翼空虚的弱点，进行猛攻。

① ……　　　　车 2 进 6

② 相三进五　　车 6 平 4

黑方运车占肋，伏有车塞相眼的凶着，令红方顿感难以应付。

③ 仕五进四　　车 4 进 5

如图 4-56，黑方妙手弃车，杀法精妙！一气呵成！

④ 帅五平六　　马 6 进 4

⑤ 车三平六　　马 4 进 3

⑥ 帅六平五

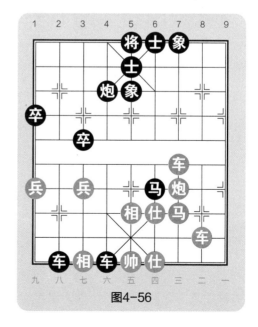

图4-56

红方如车六进三，则马3退2，黑胜。

⑥……　　　马3退4　　⑦帅五进一　车2退1（黑胜）

第30局

如图4-57，黑方先行。这是2018年全国象棋甲级联赛中，洪智与曹岩磊弈成的中局形势。黑方子力占位较好，如何积极进取呢？

①……　　　马1进2

黑方快马出击，送给红方架空头炮的机会，战术敏锐，算度深远。

②炮九平五　马2进1

马踏边兵暗伏杀机，红方难以防范。

③车二平五

红方如车二平六，则炮4进6，车六退四，马1进2，车六平八，马2退4，帅五平六，炮5平4，黑胜。

③……　　　车2平4

黑方弃车砍炮，杀法一气呵成。

④帅五平六　马1进2

⑤帅六进一　炮5平1

如图4-58，红方中路虽有车炮抽将，却难解对方的马后炮绝杀，是实战中难得一见的精彩场面。

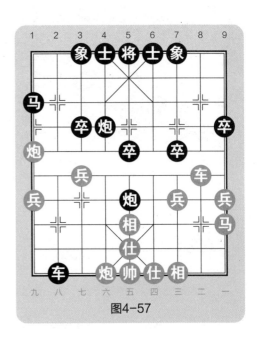

图4-57

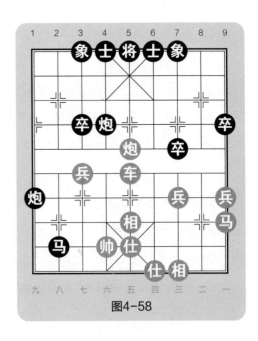

图4-58

如图4-59，红方先行。这是2012年"杨官璘杯"象棋公开赛中，党国蕾对陈丽淳弈至中局的形势。红方一车换双，子力配合态势颇佳，此时进攻的突破点在哪里呢？

① 炮九进二

红方进炮瞄准对方中象，准备弃子搏杀，进攻手段凶悍。

① ……　　　车7平4

② 炮九平五　士5退4

黑方退士暂避锋芒，如象7进5，则马六进五，红马两面夹击，黑方难以抵挡。

③ 马六进四　车4退4

④ 马七进五

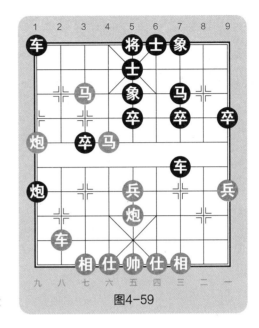

图4-59

红方马入"宫心"弃炮叫将，妙手！

④ ……　　　象7进5

⑤ 马四进三　将5进1

⑥ 炮五平二

如图4-60，红方连弃马炮，形成"马后炮"绝杀。着法一气呵成，入局精彩！

⑥ ……　　　车4进8

⑦ 帅五平六（绝杀）

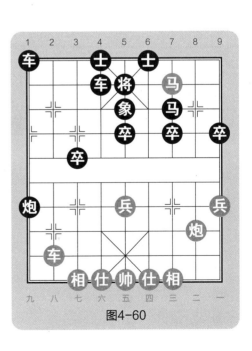

图4-60

第32局

如图4-61，红方先行。这是象棋邀请赛中，胡荣华与惠颂祥弈成的局面，此时红方明察秋毫，攻不忘守，献马巧妙解围，在对攻中捷足先登。

①马七进六

红方献马保仕解杀，"临杀勿急"的老练走法。如急于炮五平八做杀，则车6平5，帅五平六，车5进1！马七退五（帅六进一，车7进2，仕四进五，车7平5，帅六进一，前车平4，黑胜），车7平4，马五进六，车4进1，黑方大刀剜心，反败为胜。

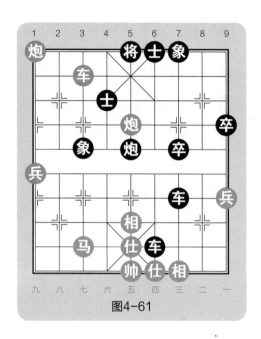

图4-61

①……　　　炮5进4

黑方炮打中仕，意图浑水摸鱼。如改走车7平4，则炮五平八绝杀。另如改走车6退5，则马六进七，红方胜定。

②炮五退五　象3退5　　③马六进五

黑方空有双车却难阻红方攻势，认负。

第33局

如图4-62，黑方先行。这是全国个人赛中，朱宝位对赵明的实战中局，双方形成对攻局面。此时乍一看红方在对方底线形成车炮闷宫杀攻势，黑方似乎岌岌可危。实战中黑方突发妙手，起死回生，令人赞叹！

①……　　　车7平6

黑方 7 路车处于暗处，似乎不在主战场，此时突然弃车杀仕，让人有"山重水复疑无路，柳暗花明又一村"的感觉。

②帅六进一

红方上帅无奈，如走仕五退四（车四退五，车 3 平 4 杀）马 7 退 5，（1）帅六平五，车 3 进 5，帅五进一，马 5 进 3，车八退八，马 3 退 4，帅五进一，车 3 退 2，黑胜。（2）帅六进一，马 5 退 3！帅六退一，马 3 进 2！帅六平五，车 3 进 5，黑胜。

| ②…… | 车 3 进 4 | ③帅六进一 | 车 6 平 3 |

黑方双车保象，守住红方底线攻势，局面转为反攻。

④车四平五	马 7 进 5	⑤马二退四	前车平 4
⑥帅六平五	车 3 退 1	⑦仕五进六	车 4 退 2
⑧帅五退一	车 4 平 5	⑨帅五平四	

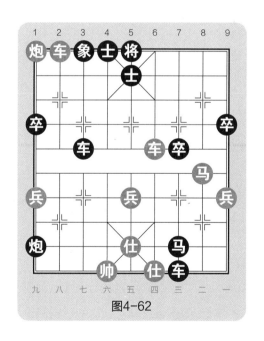

图4-62

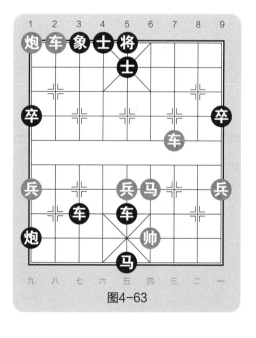

图4-63

红方认负。如图 4-63，黑方以下车 3 进 1，帅四退一，炮 1 进 1，车八退九，车 5 平 6，黑胜。

第34局

如图4-64，红方先行。这是程福臣与王嘉良弈至中局的形势，双方对攻激烈，场面精彩纷呈。

① 前马退四

红方退马捉车，看似争先，似佳实劣。应走炮四进二！车7进5（士5进6，马六进五，黑方难抵挡），帅五进一，车7退7，前马进四，车7平6，车四退一，士5进6，马四进六，下一步马六进七卧槽，黑方难应。

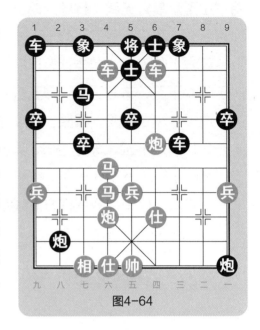

图4-64

①……	车7进5	② 帅五进一	炮9平4
③ 炮四进四	车7退1	④ 帅五退一	炮2进1
⑤ 车四平五	将5平6		

黑方当然不能马3退5吃车，否则车六进一，闷杀。

| ⑥ 车五平四 | 将6平5 | ⑦ 马四进二 |

如图4-65，红方如愿以偿，抢得炮击底士后大刀剜心。着法看似凶狠，但实际是前面筹谋进攻时判断有误，后续乏力。

⑦…… 炮4退1

黑方局面有惊无险，车双炮展开凌厉的反击！

⑧ 相七进九	炮4平1	⑨ 马六退八	炮1平3
⑩ 马八退六	车7进1	⑪ 马六退四	炮3进1
⑫ 帅五进一	车7退1		

红方认负。红方以下如走帅五进一，则炮3退2，下一步再炮2退2，夹车炮成杀。

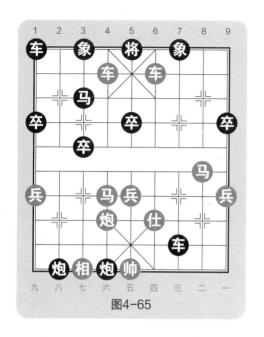

图4-65

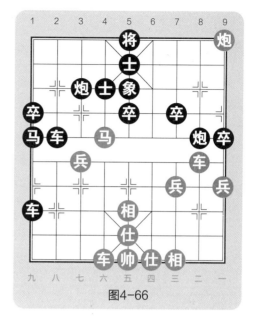

图4-66

第35局

如图4-66，黑方先行。这是2008年全国象棋等级赛中，程鸣与才溢弈成的形势。双方大子集结，各攻一翼。黑方凭借先行之利，抢先做杀。

① ……　　　　马1进2

面对红方捉双炮的情况，黑方置之不理，强行进马袭槽，入局思路清晰。

② 车二进一

红方守无可守，也只有吃炮了。

② ……　　　　马2进3

③ 车六进一　车2进5

④ 仕五退六　车2平4

红方认负。如图4-67，以下红方如续走帅五进一（如帅五平六，

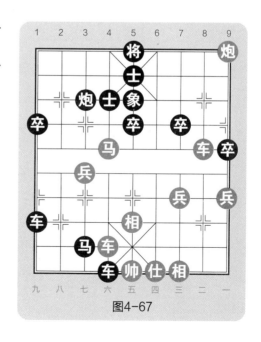

图4-67

则车1进2杀），则马3退4，帅五平四（如车六进二，则车1进1杀），车4退1，仕四进五，车4平5，帅四退一，车1进2，黑胜。

第36局

如图4-68，红方先行。这是2002全国象棋团体赛上，蔡忠诚对孙勇征弈成的中局盘面，双方各自的六个大子皆在，对抢先手。此时黑方7路炮正威胁红方底相，红方该怎么处理呢？

① 炮九进四！

红方观察到黑将在外的弱点，边炮突袭，果断出击，着法凶狠！

① ……　　　　炮7进3

黑方只能被动的选择对攻策略。如马3进1吃炮，则车八进九，黑方难应。

② 仕四进五　　炮7平9
③ 车四平六　　后炮平4
④ 炮九进三　　象3进5
⑤ 车八进九　　将4进1
⑥ 车六平八　　炮4进3
⑦ 后车进三

红方多子猛攻，黑方已经难以招架。如图4-69，红方经过筹谋，弈出连弃双车，连将成杀的精妙着法。

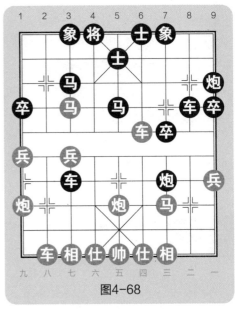

图4-68

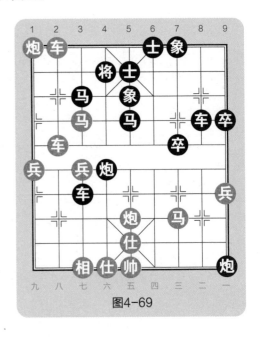

图4-69

⑦……　　　　　将4进1　　　⑧炮九退二！马3退2

⑨车八退一　马2进3　　　　⑩车八平七　将4退1

⑪车七平六！将4进1　　　　⑫马七进八　将4退1

⑬炮九进一（红胜）

第37局

如图4-70，黑方先行。这是2008全国象棋甲级联赛中，黄海林对王斌弈成的中局形势，双方刚完成布局阶段，各自的六个大子均在，各有一马过河，似乎战斗才刚刚开始。此时黑方双车占肋，突施杀手，上演了一出令人拍案叫绝的精彩杀局。

①……　　　　　车4进6

黑方弃车杀仕，惊天妙手！

②帅五平六　车6进8　　　　③帅六进一　马1进3

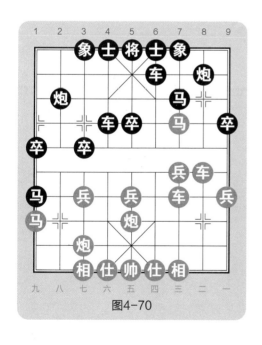

图4-70

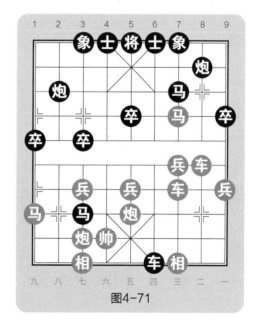

图4-71

红方沉思良久，无法解救，投子认负。如图4-71，红方以下如马九进八，则炮8平4，马八退七，车6平5，绝杀，黑方下一步炮2平

4 即胜。又如车二进四，则炮 2 进 6，帅六进一，车 6 平 4，炮七平六，炮 2 退 1，黑胜。

第38局

如图 4-72，红方先行。这是 2004 年全国象棋甲级联赛中，苗利明与于幼华弈至中局的形势。红方五个大子狂攻，把黑方老将逼上宫顶线，此时红方如何给对手致命一击呢？

① 炮八平四

红方献炮伏杀，迅速入局的好棋！

①……　　　　将 6 退 1

黑方如炮 6 进 4，则炮六平四，马 7 进 6，马四进三，双将杀。

② 马四进五

红马进中路，强行堵塞，夺取肋道控制权，场面煞是好看。

②……　　　　炮 6 进 5

③ 炮六平四　　将 6 平 5

④ 车八平五　　将 5 平 4

⑤ 前炮平六　　卒 3 平 4

⑥ 炮四平六

黑方认负。如图 4-73，黑方以下如走车 8 进 5，则前炮平八，马 3 进 2，马五进七，马 2 退 3，炮八进六，红胜。

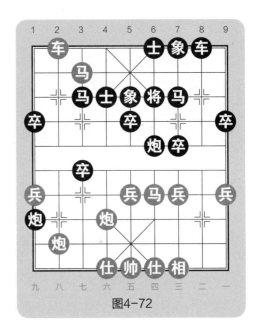

图4-72

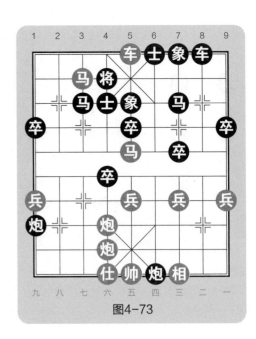

图4-73

第 39 局

如图 4-74，红方先行。这是 2018 年象棋大师公开邀请赛中，洪智对刘殿中弈至中局的形势。在子力较多的混战局面下，红方眼疾手快，以经典的"大胆穿心"杀法入局，甚是精彩！

① 车六平五

红方弃车杀中士，摧毁黑方防御，算准可以连将杀入局。

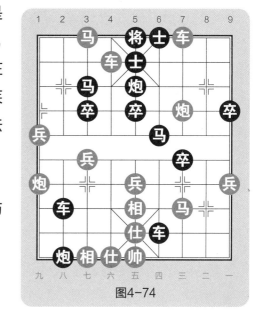

图 4-74

① ……　　　　马 3 退 5

② 马七退六　将 5 平 4

③ 车三平四

先吃士次序不能错，如先走炮九平六将军，黑方马 6 进 4 垫马的同时闪出肋车保士，红方功败垂成。

③ ……　　　　将 4 进 1　　④ 炮九平六　马 6 进 4

黑方只能马 6 进 4 解杀，如改走将 4 进 1，则车四平六杀；又如走马 6 退 4，则炮三平六杀。

⑤ 马六进八　马 4 退 6

⑥ 车四平六（红胜）

第 40 局

如图 4-75，红方先行。这是 2015 年全国象棋个人赛中，赵鑫鑫对郑惟桐弈成的形势。此时红方

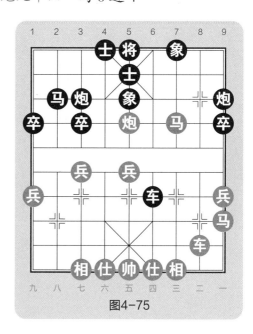

图 4-75

有中炮攻势，敏锐地发现了黑方棋型上的弱点，发动攻势。

① 车二进八

红方进底车攻击点精准，正中对方要害！

① ……　　　　　炮 9 平 7

黑方如车 6 退 6，则马三进二，红方捉死黑车。

② 马三进五　将 5 平 6　　③ 车二平三　将 6 进 1

④ 车三退一　将 6 退 1　　⑤ 炮五平九

红方破掉对方双象，"炮锋"一转，移动到侧翼，进攻思路灵活有力！

⑤ ……　　　　　车 6 平 1　　⑥ 炮九进二

如图 4-76，红方弃炮引车，算度深远！

⑥ ……　　　　　车 1 退 5

⑦ 车三进一　将 6 进 1

⑧ 马五退三　将 6 进 1

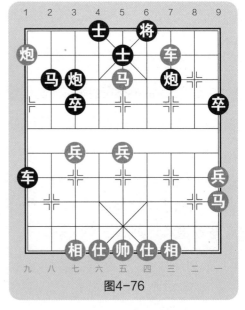

图4-76

红方高钓马之势，黑车的位置尴尬，不能支高士防守，否则丢车。

⑨ 马三退五　将 6 平 5

⑩ 马一进三

红方边马出击，已成绝杀之势。

⑩ ……　　　　　炮 7 进 3

黑方如炮 7 进 7，则仕四进五，炮 7 退 9 吃车，马三进四杀。

⑪ 车三退五　车 1 进 5　　⑫ 车三进三

黑方认负。红方献车，精彩入局。黑方以下如士 5 进 6（炮 3 平 7，马三进四，红胜），马三进四，将 5 退 1，车三进一，将 5 退 1，马五进六，将 5 平 6，车三进一，红胜。

第五章

杀法挑战

【第1局】

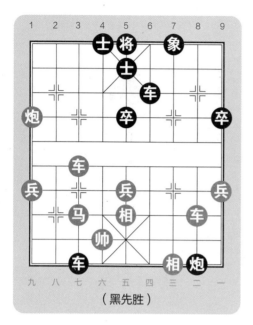

（黑先胜）

【第2局】

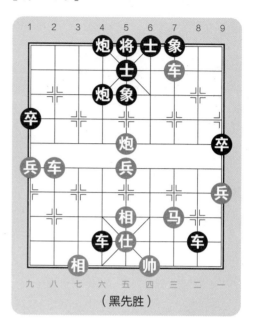

（黑先胜）

【第3局】

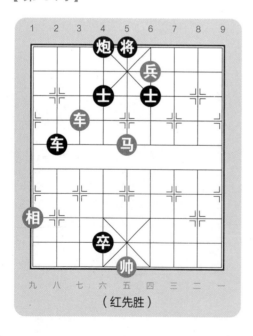

（红先胜）

【第4局】

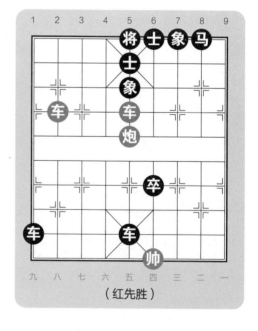

（红先胜）

【第5局】

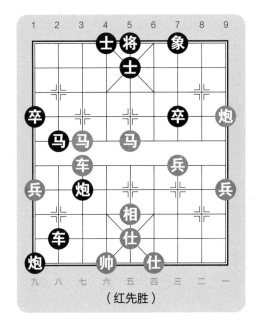

（红先胜）

【第6局】

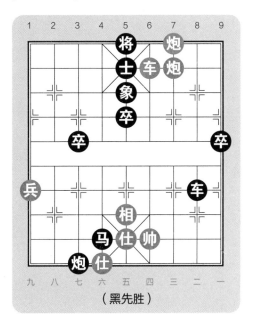

（黑先胜）

【第7局】

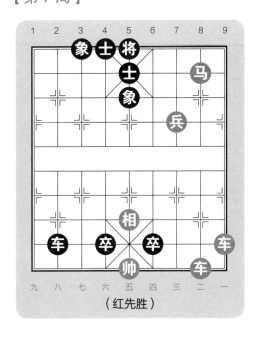

（红先胜）

【第8局】

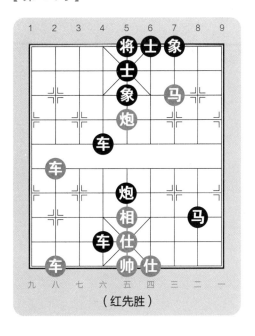

（红先胜）

【第9局】

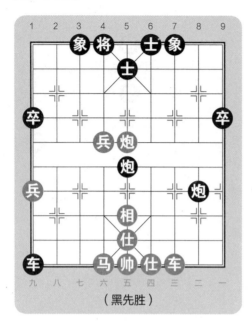

（黑先胜）

【第10局】

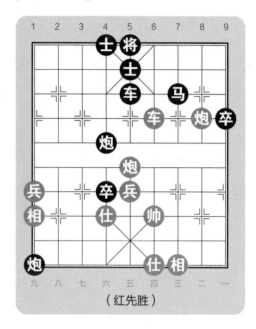

（红先胜）

【第11局】

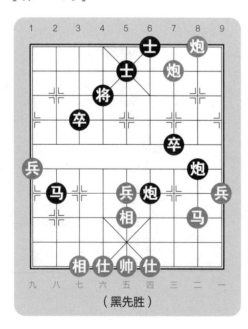

（黑先胜）

【第12局】

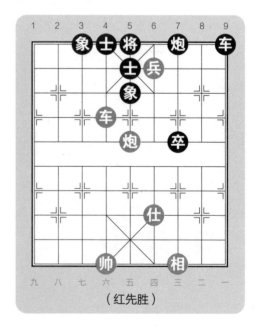

（红先胜）

【第13局】

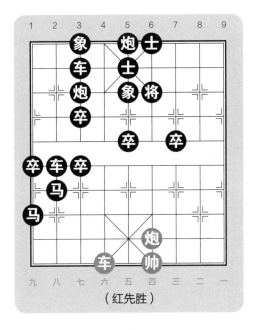

（红先胜）

【第14局】

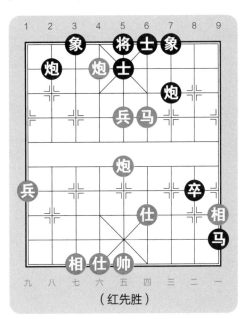

（红先胜）

【第15局】

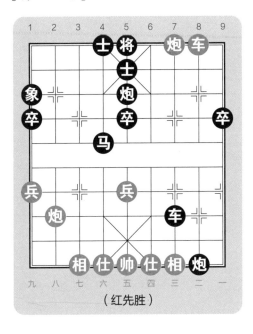

（红先胜）

【第16局】

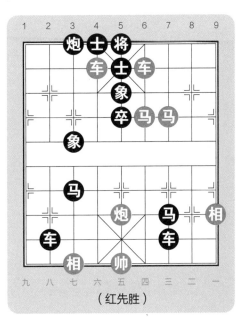

（红先胜）

第1局

① ······ 　　　　车 3 退 1

② 帅六进一　　　车 3 退 1

③ 车七退二　　　车 6 平 4（黑胜）

第2局

① ······ 　　　　车 8 平 5

② 马三退五　　　车 4 进 1

③ 帅四进一　　　前炮进 6

④ 帅四进一　　　车 4 平 6（黑胜）

第3局

① 车七平五　　　士 4 退 5

② 车五进二　　　士 6 退 5

③ 马五进六　　　炮 4 进 1

④ 兵四平五　　　将 5 平 4

⑤ 兵五进一（红胜）

第4局

① 车八进三　　　士 5 退 4

② 车八平六　　　将 5 进 1

③ 车六退一　　　将 5 退 1

④ 车五进一　　　士 6 进 5

⑤ 车五进一　　　将 5 平 6

⑥ 车六进一（红胜）

第5局

① 马七进六　　　士 5 进 4

② 马五进四　　　将 5 平 6

③ 马四进二　　　将 6 平 5

④ 炮一进三　　　象 7 进 5

⑤ 马二退四　　　将 5 平 6

⑥ 马四进三　　　将 6 进 1

⑦ 车七平四（红胜）

第6局

① ······ 　　　　车 8 进 2

② 帅四进一　　　炮 3 退 2

③ 相五进七　　　车 8 退 1

④ 帅四退一　　　马 4 退 5

⑤ 相七退五　　　车 8 进 1

⑥帅四退一　炮3进2

⑦相五退七　车8进1（黑胜）

第7局

①车一进八　象5退7

②车一平三　士5退6

③马二退四　将5进1

④马四退六　将5平4

⑤车二进八　士4进5

黑方如将4进1，则车三退二，象3进5，车三平五，将4平5，车二退一，红胜。

⑥马六进四　将4进1

黑方如将4退1，则车三平四，士5退6，车二平六，红胜。

⑦马四退五　将4退1

⑧车二平五　将4平5

黑方如士6进5，则马五进七，将4进1，车三退二，士5进6，车三平四，象3进5，车四平五，红胜。

⑨车三退一　将5进1

⑩马五进七　将5平4

⑪车三平六（红胜）

第8局

①前车平四　将5平4

②车八进九　象5退3

③车八平七　将4进1

④马三进四　士5退6

⑤车七退一　将4进1

⑥车四进三　象7进5

⑦车七退一　将4退1

⑧车四进一　士6进5

⑨车四平五　将4退1

⑩车五进一　将4进1

⑪车七进一　将4进1

⑫车五平六（红胜）

第9局

①……　　　炮8平3

（绝杀，黑胜）

第10局

①车四进三　马7退6

②炮二平七（绝杀，红胜）

第11局

①……　　　马2进3

②帅五进一　马3退4

③帅五退一　炮8平2

（绝杀，黑胜）

第 12 局

①车六平四　炮 7 平 6

②兵四进一　车 9 平 6

③车四平六（绝杀，红胜）

第 13 局

①车六进六　将 6 退 1

②车六平四　士 5 进 6

③车四平二　士 6 退 5

④炮四进六（绝杀，红胜）

第 14 局

①马四进三　将 5 平 4

②炮六退三　炮 2 平 7

③兵五平六　士 5 进 4

④兵六进一　将 4 平 5

⑤兵六进一（绝杀，红胜）

第 15 局

①炮八进七　象 1 退 3

②炮三平六　士 5 退 6

③炮六平四　象 3 进 1

④炮四退二　将 5 进 1

⑤车二退一　将 5 退 1

⑥炮四平九（绝杀，红胜）

第 16 局

①车四进一　将 5 平 6

②马三进二　将 6 平 5

③马四进三　将 5 平 6

④马三退五　将 6 平 5

⑤马五进三　将 5 平 6

⑥车六进一　将 6 进 1

⑦马二退三　将 6 进 1

⑧车六平四　士 5 退 6

⑨前马进五　士 6 进 5

⑩炮五进六（绝杀，红胜）